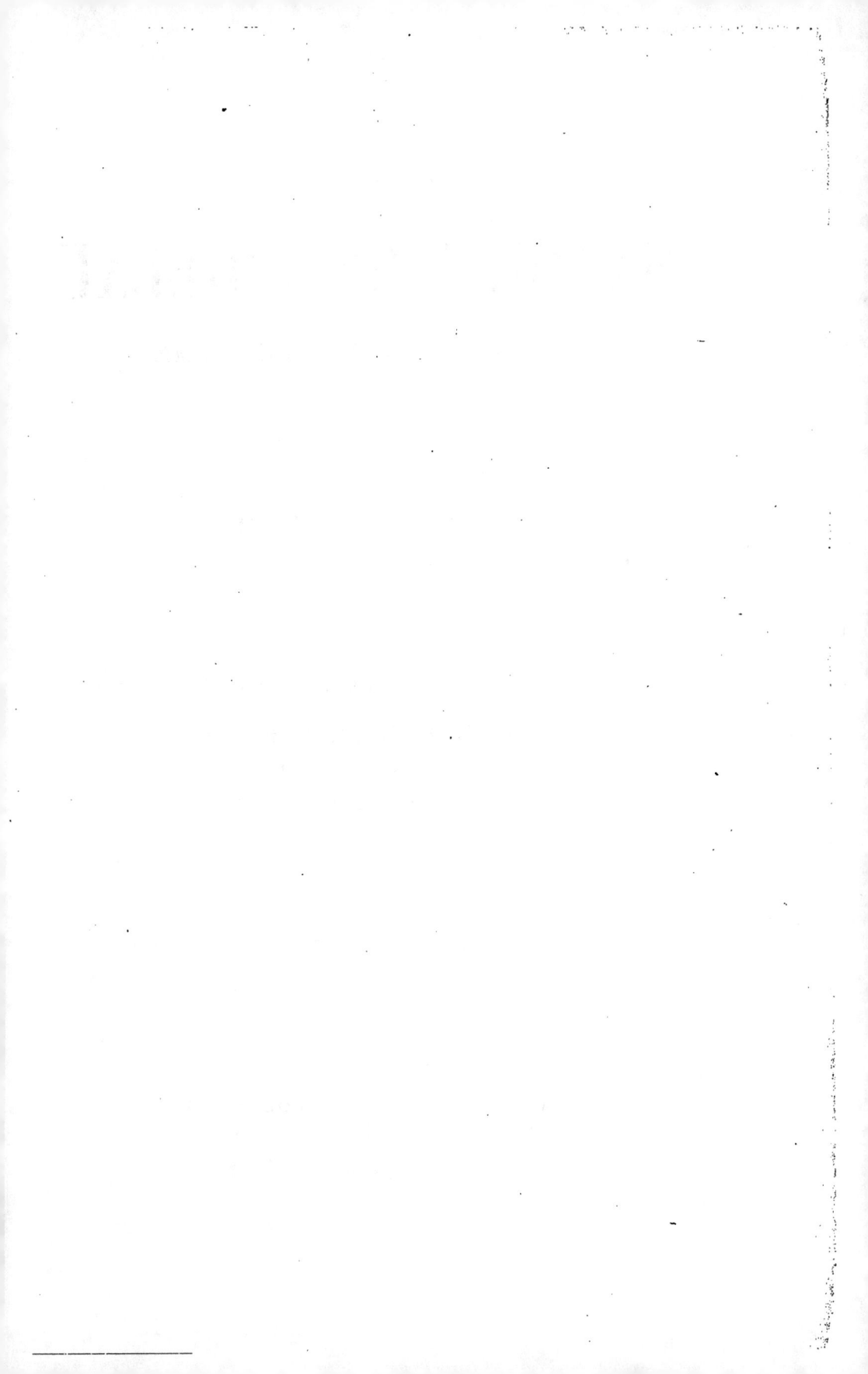

# LES
# SATIRES DE BOILEAU

## COMMENTÉES PAR LUI-MÊME

ET PUBLIÉES

AVEC DES NOTES

PAR

### Frédéric LACHÈVRE

REPRODUCTION DU COMMENTAIRE INÉDIT

## DE PIERRE LE VERRIER

AVEC LES

CORRECTIONS AUTOGRAPHES DE DESPRÉAUX

LE VÉSINET | COURMÉNIL

(SEINE-ET-OISE) (ORNE)

1906

# LES SATIRES DE BOILEAU

COMMENTÉES PAR LUI-MÊME

P. Durand-Lapie et F. Lachèvre. — **Deux Homonymes du XVIIᵉ siècle.**
François Maynard, président au Présidial d'Aurillac, membre de l'Académie française, et François Ménard, avocat à la Cour du Parlement de Toulouse et au Présidial de Nimes. Etude suivie d'une notice bibliographique et de 76 pièces omises dans l'édition des Œuvres poétiques de François de Maynard, donnée par M. Garrisson (1885-1888). Paris, Honoré Champion, 9, quai Voltaire, 1899. In-8.

Frédéric Lachèvre. — **Bibliographie des recueils collectifs de Poésies. publiés de 1597 à 1700** donnant : 1° La description et le contenu des recueils ; — 2° Les pièces de chaque auteur classées dans l'ordre alphabétique du premier vers, précédées d'une notice bio-bibliographique, etc. ; — 3° Une table générale des pièces anonymes ou signées d'initiales (titre et premier vers) avec l'indication des noms des auteurs pour celles qui ont pu leur être attribuées ; — 4° La reproduction des pièces qui n'ont pas été relevées par les derniers éditeurs des poètes figurant dans les recueils collectifs ; — 5° Une table des noms cités dans le texte et le premier vers des pièces des recueils collectifs, etc., etc. T. I (1597-1635) ; T. II (1636-1661) ; T. III (1662-1700); T. IV Supplément (additions, corrections, tables générales). Paris, Henri Leclerc, 1901-1905. In-4.
Cet ouvrage a obtenu de l'Académie des Inscriptions et Belles-Lettres une récompense de 2.000 francs (fondation Brunet).

**La Lune parlante,** poème nocturne de Saint-Amant. Paris, Henri Leclerc, 1900. In-8 (tiré à 50 exemplaires).

**Un livre perdu et retrouvé.** Payot de Linières et C. Jaulnay. Id. 1903 In-8 (tiré à 50 exemplaires).

**Une petite découverte bibliographique.** Les Poésies de Des Barreaux (Vers à Marion de L'Orme, sonnets philosophiques). Id. 1903. In-8 (tiré à 100 exemplaires).

**Un poète inconnu du XVIIᵉ siècle.** L'édition originale des Poésies du Président de Métivier (Revue biblio-iconographique, 1903).

**Estienne Durand** (1585-1618), poète ordinaire de Marie de Médicis. Paris, Henri Leclerc, 1905. In-8 (tiré à 100 exemplaires).

En préparation :

**Le Prince des Libertins du XVIIᵉ siècle, Jacques Vallée, sieur des Barreaux** (1599-1673). Sa vie et ses poésies. Frontispice à l'eau forte gravé par H. Manesse.

**Le Livre d'Amour d'Estienne Durand pour Marie de Fourcy, marquise d'Effiat : Méditations de E. D.** réimprimées sur l'unique exemplaire connu (vers 1611), précédées de la vie du poète, par Guillaume Colletet et d'une notice. Frontispice à l'eau forte gravé par H. Manesse.

**La Chronique des Chapons et des Gelinottes du Mans d'Etienne Martin de Pinchesne,** imprimée sur le texte du Manuscrit de la Bibliothèque Nationale avec une notice et des notes. Frontispice à l'eau forte gravé par H. Manesse.

# LES
# SATIRES DE BOILEAU

## COMMENTÉES PAR LUI-MÊME

ET PUBLIÉES

AVEC DES NOTES

PAR

FRÉDÉRIC LACHÈVRE

REPRODUCTION DU COMMENTAIRE INÉDIT

## DE PIERRE LE VERRIER

AVEC LES

CORRECTIONS AUTOGRAPHES DE DESPRÉAUX

LE VÉSINET | COURMÉNIL
(SEINE-ET-OISE) | (ORNE)

1906

A Madame Albert Verdrel

*Hommage de profonde gratitude.*

F. L.

# AVANT-PROPOS

Tout ce qui touche à Boileau, ce « petit poète doublé d'un grand artiste », suivant l'expression si juste de M. G. Lanson, ne saurait être indifférent. Son influence sur notre littérature a été considérable, et la place qu'il y tient encore justifierait la publication de ses œuvres dans cette admirable collection de nos grands écrivains français due à MM. Adolphe Regnier et Paul Mesnard.

Le commentaire inédit [1] de Le Verrier sur les Satires que nous mettons aujourd'hui intégralement au jour est une contribution à cette édition définitive ; son intérêt réside surtout dans les corrections de Boileau lui-même, car elles permettent, soit d'interpréter exactement sa pensée, soit de saisir sur le vif quelques traits de son caractère.

Ces corrections ont été écrites en 1701 l'année même où Brossette, cet autre admirateur de Boileau, fit, de passage à Paris, la connaissance de Le Verrier et, coïncidence curieuse, comme il s'était livré à un travail analogue à celui de ce dernier, Brossette le soumettait à peu près au même moment au poète. Le Ms. autographe de Brossette [2] N° 15.275 (Fonds fr. de la Bibl. Nat.) renferme à ce sujet des détails précis sur le soin qu'il apportait à recueillir et à contrôler les moindres explications de Boileau [3]. Nous nous bornons à relever ici les passages de ce Ms. ayant trait aux relations de Le Verrier avec Brossette :

---

(1) Une analyse succincte de ce commentaire avec le fac-simile d'une page de Le Verrier corrigée par Boileau, a paru dans le Bulletin du Bibliophile, sous la signature de M. Delasalle, en juillet-août 1894 : « Les satires de Boileau avec un commentaire manuscrit de Le Verrier et des notes autographes de Boileau ». M. Henri Leclerc, le distingué libraire, a bien voulu nous céder ce précieux exemplaire des satires.

En dehors du commentaire inédit de Le Verrier corrigé par Boileau reproduit ci-après, il en existe un autre de l'abbé Guéton, également revu par le poète, qui a été inséré à la suite de la correspondance entre Boileau et Brossette, éd. Laverdet 1868, mais ce commentaire est très loin de présenter l'importance et l'intérêt de celui de Le Verrier.

(2) Ce Ms. a été presque complètement reproduit à la suite de la correspondance entre Boileau-Despréaux et Brossette, éd. Laverdet (p. 505 à 570). Paris, 1868.

(3) « Du jeudi 26 octobre 1702. Aujourd'huy j'ai été chez Mr Despréaux à cinq heures du soir « et j'y ay demeuré jusqu'à huit heures et demi.

« Nous avons commencé ensemble la lecture de mes anciennes observations sur ses œuvres « et il m'a paru content du stile dont je me suis servi pour écrire mes observations. Il m'a pro- « mis de les retoucher dans les endroits qui avoient besoin d'etre rectifiez et la lecture que « nous avons commencée aujourd'huy, n'est que pour repasser sur les faits que j'ai marquez ». (Bibl. Nat. Ms. 15275.)

ff. 91. Ce même jour 22 octobre (1701), j'ai été à dix heures du
« matin, chez M. Despréaux, qui m'a dit que M. Le Verrier, son ami,
« luy avoit écrit pour me prier à dîner chez lui. Il m'a remis la lettre de
« Mʳ Le Verrier.

ff. 97 r. En allant dîner chez M. Le Verrier, nous avons parlé de
« Quinaut...

ff. 97 v. Nous avons dîné chez M. Le Verrier qui est un homme d'es-
« prit et de mérite, et par dessus cela, un fort riche financier. Il demeure
« dans la vieille rue du Temple, mais il doit bientôt changer de loge-
« ment. Il y avoit à ce dîner Mʳ Despréaux, Mʳ le Marquis de Ségur,
« gouverneur de Foix, etc., Mʳ d'Argouges, maître des requêtes, ancien
« intendant de Bourgogne, Mʳ De la Croix, homme d'affaires ou finan-
« cier, très riche, Mʳ Chomel, son parent, Mʳ Le Verrier et moy. Par
« dessus cela, nous devions avoir M. de Pilles, curieux en peinture,
« et fort habile peintre, avec Mʳ Le Roux, organiste. Il a dîné chez
« Mʳ Racine qui l'a retenu. Nous avons demeuré jusqu'à la nuit chez
« Mʳ Le Verrier et je suis revenu avec M. Despréaux dans son carrosse.

ff. 118 v. Du vendredi 27 octobre 1702. Cette après dînée j'ay été
« chez M. Le Verrier. J'ay trouvé Mʳ Despréaux avec Mʳ l'abbé de Cha-
« teauneuf, ci-devant envoïé en Pologne pour l'élection du prince de
« Conti. J'ay demeuré jusqu'au soir chez Mʳ Le Verrier, et Mʳ Des-
« préaux m'a mené chez luy, où j'ay resté jusqu'à neuf heures passées.

ff. 221. Du mercredi 8ᵉ jour de Novembre 1702. J'ay été chez Mʳ Des-
« préaux depuis onze heures jusqu'à midi, Mʳ Le Verrier y est venu. »

Le Verrier s'est servi, pour libeller son commentaire, d'un exemplaire
broché des Œuvres, 1701, in-4°, (ex meis) dans lequel des feuillets
blancs avaient été préalablement intercalés, mais les remarques dont
il les a chargés et qui paraissent être le plus souvent le développement
de notes inscrites au crayon, peut-être sous les yeux mêmes de Boileau,
en face les vers commentés, sont d'une telle prolixité qu'elles ont fréquem-
ment débordé sur les marges du livre. L'écriture de Le Verrier est grosse
et lisible, celle, au contraire, du satirique, répond à son caractère : fine,
serrée, anguleuse et sans aucun laisser-aller, elle ne se distingue pas
des fac-simile de la correspondance de Boileau et de Brossette (éd.
Laverdet). Le Verrier n'hésite jamais à se corriger s'il s'aperçoit que
sa mémoire l'a mal servi, Boileau, quand son ami a fait fausse route,
efface impitoyablement son texte avec des notes comme celles-ci : « Tout
cela n'est point vrai » « Il faut retrancher toute cette remarque où tout
est un peu pesamment dit et plein d'anachronismes » « Il faut refaire
tout cela car on ne l'entend point », etc., etc. ; il n'apporte pas le moindre
ménagement dans ses rectifications. Aussi une impression très nette se

dégage-t-elle des surcharges répétées, c'est l'impossibilité pour le commentateur le mieux intentionné d'expliquer les allusions de l'auteur sans
la revision de cet auteur. Le Verrier en recueillant pieusement les explications qu'il provoquait, croyait ingénuement s'être substitué à Boileau,
parler pour ainsi dire par sa bouche, et, le plus souvent, il avait compris
en quelque sorte « tout de travers » ! A ce point de vue, les notes de Le
Verrier constituent un document précieux. A un autre point de vue, il n'a
pas moins de valeur, il consacre définitivement l'exactitude minutieuse de
Brossette — sauf pour la date de la composition des satires [1] — en montrant, par exemple, que Berriat-Saint-Prix [2] s'est trompé lourdement en
contredisant Brossette au sujet de certaines allusions hostiles des satires
visant plusieurs membres de la propre famille de Despréaux.

Personne n'est exempt de faiblesses ou de ridicules. Fort riche, Pierre
Le Verrier -- il se qualifiait lui-même d'« intéressé dans les affaires de Sa
Majesté » — tenait à passer pour poète [3], bel esprit et homme à bonnes
fortunes ; on l'appelait ironiquement le « Traitant renouvelé des Grecs »
parce qu'il affectait de porter à la messe un livre grec revêtu d'une reliure
bariolée [4]. On peut lui pardonner ces petits travers en présence de son
culte désintéressé pour Boileau, culte presque touchant dans sa naïveté.
Il fit graver à ses frais le beau portrait de Despréaux par Drevet, avec le
fameux quatrain [5] :

> *Au joug de la raison asservissant la rime,*
> *Et, même en imitant, toujours original,*
> *J'ai su dans mes écrits, docte, enjoué, sublime,*
> *Rassembler en moi Perse, Horace et Juvénal.*

auquel Boileau répondit :

> *Oui, Le Verrier, c'est là mon fidèle portrait ;*
> *Et le graveur en chaque trait*
> *A su très finement tracer sur mon visage*
> *De tout faux bel esprit l'ennemi redouté.*

---

(1) Boileau a écrit de sa propre main l'ordre de la composition des Satires I à XI, voir p. 11,
et cet ordre est encore confirmé par le poète et Le Verrier dans les notices placées en tête des
dites satires. Les dates données par Brossette, Saint-Marc et Berriat-Saint-Prix, sont générale-
ment loin de concorder avec celles fixées par Boileau.

(2) L'édition de Œuvres de Boileau, de Berriat-Saint-Prix (Paris, 1830, 4 vol. in-8 et 1837,
4 vol in-8) mérite, à juste titre, les plus grands éloges. La partie bibliographique particulièrement est presque irréprochable.

(3) Le Verrier a fait une Plainte contre les Tuileries, mais Boileau remania si profondément le
texte de son ami qu'il inséra cette pièce dans ses propres œuvres. Voir sa lettre VI à Mr Le
Verrier, p. 427, éd. de 1713, cette lettre serait de 1703.

(4) André Hallays. En flânant. Auteuil au XVIIe siècle (Journal des Débats, 4-11 août 1905).

(5) Ce quatrain est-il de Le Verrier, comme l'a affirmé Boileau en parlant de quatre vers de la
façon de son ami, ou de Boileau lui-même, suivant Brossette ?

*Mais, dans les vers pompeux qu'au bas de cet ouvrage*
*Tu me fais prononcer avec tant de fierté,*
*D'un ami de la vérité*
*Qui peut reconnoître l'image ?*

Le Verrier acheta à Boileau, en 1709, pour la somme de 8.000 livres payable le 26 janvier 1712, avec intérêts au denier vingt, et une pension viagère de 300 livres, sa maison d'Auteuil, y compris les meubles et tableaux [1], lui donnant l'assurance que, dans cette maison, il continuerait d'être chez lui. Peu de temps après la vente, Boileau retournant à Auteuil constata avec chagrin que son berceau préféré avait été abattu par son ex-jardinier Antoine sur l'ordre de Le Verrier. Dépité, il serait remonté dans sa voiture pour ne plus revenir. Si cette anecdote n'a pas été inventée à plaisir, il est certain que Boileau n'en garda nulle rancune à Le Verrier, car il entretint avec lui les meilleures relations [2] jusqu'à sa mort arrivée le 13 avril 1711.

L'enthousiasme de Le Verrier ne se refroidit pas — comme il arrive ordinairement — après la disparition de l'illustre écrivain. Une lettre inédite de l'avocat Mathieu Marais [3] — un des collaborateurs de Bayle pour son Dictionnaire critique — qui avait été de l'entourage semi-familier de Boileau [4], nous en apporte le témoignage décisif. Marais adresse neuf ans après la mort du poète, le 2 mai 1720, à Le Verrier un cahier de remarques [5] sur un commentaire que ce dernier avait fait des Satires XI et XII et des Epîtres, commentaire complétant celui des Satires I à X. Malheureusement, Boileau était resté étranger à ce travail, ce qui atténue fortement les regrets que l'on pourrait avoir de sa perte. Les observations de Mathieu Marais nous apprennent que Le Verrier

---

(1) La copie de l'acte d'acquisition a paru dans le Bulletin du Bibliophile, 1893, p. 182. Boileau étant décédé le 13 avril 1711, ce sont ses héritiers qui ont dû toucher cette somme.

(2) Voir les lettres échangées entre Boileau et Brossette des 17 Décembre 1709 et 12 Février 1710 (éd. Laverdet, p. 306 et 312). Il est question de Le Verrier dans les lettres de Brossette à Boileau des 14 Juin 1703 (p. 145) (?) Déc. 1704 (p. 189), 12 Février 1705 (p. 193), 19 Mars 1705 (p. 198), 1 Mai 1705 (p. 200), 14 Déc. 1707 (p. 259), 17 Déc. 1710 (p. 306); de Boileau à Brossette du 9 Janvier 1705 (p. 191), 12 Janvier 1705 (p. 192), 6 Mars 1705 (p. 195), 15 Mai 1705 (p. 202), 6 Déc. 1707 (p. 257), 7 Janvier 1709 (p. 280), 12 Février 1710 (p. 312). Brossette a écrit Le Verrier, le 28 Déc. 1704 (p. 190).

(3) Mathieu Marais, né en octobre 1664, en la paroisse de Saint-Eustache, rue du Bouloi, mort le 21 juin 1737, même paroisse.

(4) De ses relations avec Boileau il n'est demeuré qu'un témoignage important. Il existe deux conversations de Boileau, l'une du 12 décembre 1703, recueillie et notée par M. Marais, tombée parmi les papiers de Brossette dans les cartons d'une collection célèbre.

L'admiration de Marais pour Boileau est absolue et n'excepte pas les derniers fruits de sa veine et les œuvres de sa vieillesse, pas même la triste satire de l'Equivoque.

« J'ai vu l'Equivoque. écrit-il à une amie (mars 1711), c'est un vrai chef-d'œuvre non seulement de poésie, mais de l'esprit humain ». On apprend par cette même lettre de Marais que les tracas et les contrariétés qui affectèrent Boileau au sujet de cette dernière satire, dont le Père Tellier empêcha la publication, hâtèrent probablement sa fin. (Sainte-Beuve, Nouveaux Lundis.)

(5) On en trouvera les principales à la suite du commentaire de Le Verrier.

préparait un livre sur Despréaux ou plutôt une édition de ses Œuvres [1], mais ce projet n'a pas été réalisé. La fidélité de Le Verrier à la gloire du Satirique était d'autant plus méritoire que Brossette, son émule et même son rival sur ce terrain, l'avait devancé en faisant imprimer, quatre années auparavant (chez Fabre et Barillot, Genève, 1716), une édition des écrits de Boileau dont le titre défiait toute concurrence : « Œuvres de M<sup>r</sup> Boileau-Despréaux avec des éclaircissements historiques donnez par lui-même ». Cette magistrale publication en deux volumes in-quarto ornés du beau portrait du poète peint par H. Rigaud et gravé par F. Chéreau et de celui du Régent Philippe d'Orléans était bien faite cependant pour décourager le plus persévérant !

Nous ignorons la date du décès de Le Verrier.

Mathieu Marais mérite également de ne pas être oublié. Il était un de ceux qui virent le plus assidûment Boileau dans sa vieillesse, aussi le jugement qu'il en a porté est-il à retenir : « Il y a plaisir à entendre cet « homme-là, c'est la raison incarnée, si l'on peut parler ainsi. Au reste « c'est un homme d'une innocence des premiers temps et d'une droi-« ture de cœur admirable, doux et facile, et qu'un enfant tromperait. On « ne croirait jamais que c'est là ce grand satirique. Le portrait qu'il a « fait de lui-même dans l'Epitre à ses vers ne peut être plus ressem-« blant [2] ».

Chaque fois que Marais quittait Boileau, il écrivait, dit Sainte-Beuve, la substance de ses entretiens avec lui, les jugements, les pensées qu'il avait recueillis de sa bouche : « Ce serait, si l'on avait le tout, la matière « d'un *Bolaeana* bien supérieur à celui de Monchesnay. Boileau, vieux, « discourait volontiers à tout propos un peu abruptement, et parlait seul, à « la façon d'un Royer-Collard ; mais les sujets étaient circonscrits ; il se « renfermait dans la poésie et les lettres pures ».

Bayle, compétent en la matière, a rendu pleine justice à son collabo-rateur, il lui écrivait le 2 octobre 1698 : « Que j'admire l'abondance des faits « curieux que vous me communiquez touchant MM. Arnauld, Rabelais, « Santeuil, La Fontaine, La Bruyère, etc ! Cela me fait juger, Monsieur, « qu'un dictionnaire historique et critique que vous voudriez faire serait « l'ouvrage le plus curieux qui se pût voir. Vous connaissez mille parti-« cularités, mille personnalités, qui sont inconnues à la plupart des

---

(1) Mathieu Marais, parlant de la lettre de La Monnoye sur les portraits de Boileau, dit à Le Verrier : « Sur les portraits de Despréaux, lettre curieuse qu'il faut imprimer, et ajouter à votre « livre, avec les vers françois qui sont à la fin ». Cette lettre adressée au poète Lainez le 9 Sep-tembre 1709 est dans le Ménagiana, T. II, p. 399, éd. de 1715. Marais ajoute que Lainez était un grand admirateur de Despréaux et que ce dernier disait que c'était un homme qui ne ressemblait à rien. Ses poésies ont été publiées en 1753 ; nous en connaissons d'inédites.

(2) P. 28. Journal et mémoires de Mathieu Marais, avocat au Parlement de Paris, publiés, pour la première fois, avec une introduction et des notes par M. de Lescure. Firmin-Didot, 1863, 4 vol.

« auteurs, et vous pourriez leur donner la meilleure forme du monde ».

Nous n'avons rien à ajouter à cet éloge de l'illustre critique.

Brossette, Le Verrier et Mathieu Marais, et particulièrement les deux premiers, se sont consacrés avec le plus parfait oubli d'eux-mêmes à élever par leurs commentaires des œuvres de Boileau une sorte de monument à la mémoire de leur auteur favori. Si un tel exemple d'abnégation les honore, il honore également celui qui en a été l'objet.

*Château de Courménil (Orne), septembre 1906.*

# COMMENTAIRE DE PIERRE LE VERRIER

SUR LES

# SATIRES DE BOILEAU

(Texte de l'Édition in-4° de 1701)

AVEC LES

## CORRECTIONS AUTOGRAPHES DE DESPRÉAUX

Le texte de Le Verrier est en **caractères romains**.

Les corrections de Boileau sont le plus souvent en interligne, quelquefois dans la marge, et toujours en **italique**.

Le texte placé entre crochets est celui de Le Verrier qui a été raturé par lui-même, raturé ou modifié par Boileau.

Les notes placées au bas des pages ont surtout pour objet de faire ressortir ce que le Commentaire de Le Verrier revu par Boileau nous apprend d'inédit sur les Satires, en d'autres termes, elles mettent en relief la partie en quelque sorte nouvelle de ce Commentaire, c'est-à-dire les indications qui ne se retrouvent ni dans celui de Brossette (1716), ni dans ceux de Saint-Marc (1747) et de Berriat-Saint-Prix (1830) qui résumaient en les complétant les recherches des annotateurs qui les avaient précédés.

# PRÉFACE

Quoique l'estime que j'ay toujours euë pour les ouvrages de Monsieur Des Préaux m'eust inspiré une violente passion de le connoistre, je ne pus pourtant remplir sur cela mes souhaits qu'en 1688. Nostre première entrevuë se fit à Auteüil, où j'allai avec les illustres M<sup>r</sup> et Mad<sup>e</sup> Dacier. Si les poësies de M<sup>r</sup> Des Préaux m'avoient charmé, sa
*sa sincérité*
conversation, [son bon cœur], ses manières simples et naturelles, ne me touchèrent pas moins que ses poësies. Il me plut infiniment. Peut-
*tardasmes*
estre luy revins-je assez, et nous ne [demeurasmes] pas longtemps à lier une amitié qui a fait un des plus grands plaisirs de ma vie [1]. Comme je suis persuadé que depuis nostre liaison, il n'a pas eu beaucoup de choses cachées pour moy, je ne l'ay point prié de me découvrir les mystères et les secrets des ouvrages que je luy ay veu composer,
*puisque je les sçais presque aussi bien que lui*
mais pour ceux qu'il avoit donnez au public avant nostre connoissance, je
*certaines choses que je ne*
souhaitois extrêmement qu'il m'instruisit de |certains traits qu'on ne
*pouvois*
peut] apprendre que de luy-même. Il y avoit dix ans que je l'en sollicitois. Il y en avoit tout autant qu'il me promettoit de me satisfaire. Néanmoins quoique nous nous soions veus régulièrement trois ou quatre fois la semaine, moitié paresse de sa part, moitié envie de parler d'autre chose, lorsque nous nous trouvions ensemble, je n'ay pu l'engager à lire
*fournir la matière des*
avec moy ses ouvrages, et à me [donner les] remarques que l'on trouvera icy, qu'au commencement du mois de mars 1701. Il m'a dit qu'un
*très galant                    et qu'il m'a amené deux ou trois fois chez moi*
homme de Lion [2]. . . . . . . . . . . . [3] . . . . . . .,

---

(1) Le Verrier a ajouté en marge d'une écriture postérieure « et qui a duré jusqu'à la fin de la sienne arrivée le 13<sup>e</sup> d'Avril 1711 ».
(2) Brossette.
(3) Le texte barré est illisible.

2

*en partie*

luy avoit desjà fait la même prière, et qu'il avoit satisfait sa curiosité. Je
ne sçay point de quelle manière cela s'est passé entre eux. Je sçay

*je sçais de*

seulement que je ne diray rien icy que ce que monsieur Des Préaux

*lui-mesme*

[a bien voulu m'apprendre], et que seurement l'on peut ajouster foy à

*dire*

ce que je vais [raporter].

# REMARQUES

Mʳ Des Préaux naquit le pᵉʳ de 9ᵇʳᵉ de l'année mil six cens trente-
six. Les premiers momens de sa jeunesse ont donné des préjugez qu'il
*dès lors*
seroit un jour grand Poète. Dès le collège, et [tandis] qu'il n'estoit
*encore          commença          dont le sujet étoit pris d'un*
qu'en troisième, il [composa] une Tragédie. [A cet âge, il fut plus
*Roman de chevalerie errante car en ce temps là il aimoit fort la lecture de*
heureux que quelques-uns de nos Poëtes qui ont fait beaucoup de
*ces sortes de livres. Il m'a conté lui-même que ce début était fort puéril*
pièces de théâtre, et qui n'ont pas fait un seul vers. Sa pièce estoit
*mais qu'il y avoit pourtant un vers qu'il croyoit pouvoir mettre en parallèle*
intitulée Roussardan « Roy de Griffalar » [1]. On voit par ce titre que. . .
*avec le plus beau des vers de Boyer à choisir entre plus de quatre vingt mille que*
ne luy déplaisoit pas. Ce Roy et son frère estant sur le point d'en
*Boyer a faicts. C'estoit un Roy qui parloit en se mettant entre trois géans venus à*
venir aux mains, leur Gouverneur paroist sur le théâtre, et entr'autres
*son secours qui avoient pris querelle et estoient prests à se battre. Voici le vers :*
choses leur dit :]
                              *Géans arrestés-vous*
          Gardez pour l'ennemy la fureur de vos coups.
                              *à mon sens                    au*
      La versification de Mʳ Des Préaux est noble et soutenuë. Il a
*souverain degré*
le choix des mots, le nombre, l'harmonie, et jamais la rime ne l'a fait

---

(1) Le Verrier nous apprend ici le titre de la tragédie que Boileau composa dans sa jeunesse,
titre omis par de Losme de Monchesnay dans son « Bolaeana » (Amsterdam, 1742, p. 82), et par
Cizeron-Rival dans ses « Récréations littéraires » (1765). Chose curieuse, la correction autographe de Despréaux avec son coup de griffe contre le malheureux Claude Boyer est répétée
presque textuellement dans le « Bolaeana » : « Il n'étoit encore qu'en quatrième qu'il se sentit
« du talent pour la Poésie, et dès lors déjà tout plein de la lecture des anciens romans, il entreprit
« de faire une Comédie. Je faisois, disoit-il, paroître sur la scène trois Géans prets à se battre
« pour la conquête d'une commune Maitresse, lorsqu'un quatrième Géant les séparoit par ces
« vers :
              « . . . . . Géans, arretez-vous
              « Gardez pour l'ennemi la fureur de vos coups.
« Il défiait Boyer de lui montrer un seul vers de cette force dans les cent mille qu'il a faits »

*Remarques.*

*de la raison ni*           *la première*     *de cette*

écarter du génie de sa langue. Il dit que ce qui luy donna [l'] idée [d'une]

*qu'on lui récita*

versification [si remplie et si grande], ce fut une pièce [qu'il lut]

*et qui estoit d'un Auteur*         *point*

dans sa jeunesse, [mais] dont il ne sçait [ny le sujet ny] le nom

*que cet Auteur*

[de l'autheur et dont] il a seulement retenu ces deux vers :

*disoit à propos de Jules César à qui sa femme Calpurnie n'avoit pas esté fort*
*fidèle et qui portoit toûjours comme on sçait une couronne de laurier :*

Sur son front couronné par les mains de la Gloire
Les cornes s'élevoient à l'envi des lauriers.

[C'est en parlant de César qui pour cacher qu'il estoit chauve portoit
toujours une couronne de laurier.]

# DISCOURS AU ROI

*tout au plus*

M<sup>r</sup> Des Préaux fit cette pièce estant âgé de 24 ans. Ce fut en l'année

*1662*

[1661] après la disgrâce de M<sup>r</sup> Fouquet. Il ne l'acheva pourtant qu'en

*1665*

[1664] [(1)].

> Jeune et vaillant *Héros, dont la haute sagesse*
> *N'est point le fruit tardif d'une lente vieillesse,*
> v. 3.   *Et qui seul, sans Ministre, à l'exemple des Dieux,*
> *Soûtiens tout par Toi-mesme, et vois tout par Tes yeux,*

Horace, Liv. 2, ep. 1. A Auguste.

> Cum tot sustineas et tanta negotia solus ;
> Res Italas armis tuteris, moribus ornes,
> Legibus emendes.....

> *Ainsi, sans m'aveugler d'une vaine manie,*
> *Je mesure mon vol à mon foible génie :*
> v. 15.  *Plus sage en mon respect, que ces hardis Mortels*
> *Qui d'un indigne encens profanent Tes autels ;*
> *Qui dans ce champ d'honneur, où le gain les ameine,*
> *Osent chanter Ton nom sans force et sans haleine ;*
> *Et qui vont tous les jours, d'une importune voix,*
> *T'ennuyer du récit de Tes propres exploits.*

Tout cela est dit à l'occasion des pensions que le Roy donna en 1664 à plusieurs autheurs. M<sup>r</sup> Chapelain eut beaucoup de part à la distri-

*car M<sup>r</sup> Colbert le consultoit alors*

bution de ces pensions, et quoique M<sup>r</sup> Des Préaux paroisse icy fort indigné du choix que l'on avoit fait de quelques personnes pour ces

---

(1) Boileau a corrigé la note de Le Verrier pour fixer la date exacte de la composition de ce « Discours » : 1662 (il avait alors 26 ans et non 24), le poète y ajouta seulement quelques vers en 1665 (voir plus loin la note de Le Verrier sur le vers 64). Berriat-Saint-Prix comme Saint-Marc et Brossette sont à rectifier sur ce point, puisqu'ils donnent 1665 ; l'édition de 1713 portait 1664.

*Discours au Roi.* largesses, on ne peut pas dire que son intérest particulier le fist parler. Car, dans ce temps là, il n'estoit pas connu, je ne sçay s'il se connoissoit bien luy-même. A proprement parler, il ne fut bien connu dans le monde *qu'à cinq ou six années de là.*

[qu'après avoir passé douze années à étudier dans son cabinet tout ce que l'antiquité nous a laissé de meilleur et à composer de génie d'après de si excellens originaux.] [1]

> v. 21.   *L'Un en stile pompeux habillant une églogue,*
> *De ses rares vertus Te fait un long prologue,*
> *Et mesle, en se vantant soi-mesme à tout propos,*
> *Les loüanges d'un Fat à celles d'un Héros.*

C'est de Charpentier qu'il parle : Cet autheur avoit composé une

               *qu'il intituloit*

églogue [intitulée] Eglogue roialle, où en loüant le Roy, il se donnoit à

               *la bouche d'un Berger qu'il introduisoit*

luy-même par [le secours de quelques bergers], des loüanges [si] outrées [qu'il n'estoit pas possible de les souffrir.]

> v. 25.   *L'Autre en vain se lassant à polir une rime,*
> *Et reprenant vingt fois le rabot et la lime,*
> *Grand et nouvel effort d'un esprit sans pareil !*
> *Dans la fin d'un sonnet Te compare au Soleil.*

                                  *dans ce temps là   assez mauvais*

Chapelain que M\* Des Préaux attaque icy avoit fait un sonnet à la

              *où*                    *En voici le premier vers :*

loüange du Roy [dans lequel] il comparoit ce Monarque au Soleil.

      *Quel Astre flamboyant sur nostre Parnasse erre ?* [2]

---

(1) Brossette ne s'est pas arrêté à ce passage du *Discours au Roi.* Le commentaire de Le Verrier nous vaut cet aveu de Boileau qu'il ne fut guère connu et apprécié que vers 1669, il ne pouvait donc être signalé par Chapelain à Colbert pour une pension en 1664.

(2) Boileau a soin de citer lui-même, mais inexactement, le premier vers du sonnet de Chapelain auquel Le Verrier fait allusion. Nous avons trouvé le texte de ce sonnet dans le Recueil de Conrart (5132. Bibl. de l'Arsenal) et dans le manuscrit des Poésies de Chapelain (Bibl. Nat., Nouv. acq. fr., 1890).

Voici la version du Ms. des Poésies de Chapelain (p. 209 verso).

POUR LE ROY

SONNET

Quel Astre flamboyant sur nos Provinces erre ?
N'est-ce point Mars qui brille en son char radieux
Et qui d'un fier aspect menaçant les bas lieux (les Pays-Bas)
Y resveille le trouble, et rallume la guerre ?

*iscours au Roi.*

*un nombre infini*

Tous les autheurs en ce temps-là firent [tant] de vers et d'autres ouvrages pour parvenir aux pensions, [qu'il n'en auroit pas fallu davantage pour remplir le magasin d'un libraire.]

> *Pour chanter un Auguste, il faut estre un Virgile.*
>
> v. 59.  *Et j'approuve les soins du Monarque guerrier,*
> *Qui ne pouvoit souffrir qu'un Artisan grossier*
> *Entreprist de tracer d'une main criminelle,*
> *Un portrait réservé pour le pinceau d'Apelle.*

*cette pensée est prise d'Horace*

Alexandre : [Horace a mis cette défense] dans l'Epist. 1re du 2e liv. A Auguste. v. 239.

> Edicto vetuit, ne quis se, præter Apellem
> Pingeret; aut alius Lysippo duceret æra
> Fortis Alexandri vultum simulantia...

> *Moi donc qui connois peu Phébus et ses douceurs :*
>
> v. 64.  *Qui suis nouveau sevré sur le mont des neuf Sœurs :*
> *Attendant que pour Toy l'âge ait mûri ma Muse,*
> *Sur de moindres sujets je l'exerce et l'amuse :*

*ne laissa courir ce discours qu'en 1664 mais il n'avoit que*

M. Des Préaux [n'avoit que 24 ans quand il finit ce discours.] *vingt quatre ans quand il le fit et il y ajouta quelques vers qui regardoient l'année où il en donna des copies.*

> *Et tandis que Ton bras des peuples redouté,*
> *Va, la foudre à la main, rétablir l'équité,*
> *Et retient les Méchans par la peur des supplices :*
>
> v. 70.  *Moi, la plume à la main, je gourmande les vices,*
> *Et gardant pour moi-mesme une juste rigueur,*
> *Je confie au papier les secrets de mon cœur.*

---

N'est-ce point Jupiter qui se monstre à la Terre,
Et pour bénin qu'il roule aux Campagnes des Cieux
N'en conserve pas moins l'air de Maistre des Dieux,
Et n'en marche pas moins armé de son tonnerre?

N'est-ce point le Soleil qui vient dans l'Univers
Dispenser sa lumière à ses Climats divers
Et servir d'âme aux Corps qui composent sa masse?

Non, l'Astre dont l'éclat tient nos yeux éblouis
Est un Astre plus grand qui tous trois les embrasse
C'est le Bon, c'est le Fort, c'est le Sage Louis.

François Ogier a parodié ce sonnet : Quel Poëte altitonnant sur le Parnasse erre (Rec. Conrart, T. II, 5132, p. 291, Bibl. de l'Arsenal).

*Discours au Roi.*        *Cela a rapport à un endroit d'Horace*

Cette pensée vient d'une pensée d'Horace] Liv. 2, Sat. 1e, v. 30 : [1]

    ... Me pedibus delectat claudere verba
    Lucili ritu, nostrûm melioris utroque.
    Ille, velut fidis arcana sodalibus, olim
    Credebat libris : neque si male cesserat unquam,
    Decurrens alio, neque si bene...

> *Le mal est, qu'en rimant, ma Muse un peu légère*
> *Nomme tout par son nom, et ne sçauroit rien taire.*
> v. 83.   *C'est là ce qui fait peur aux Esprits de ce temps,*
> *Qui tout blancs au dehors, sont tout noirs au dedans.*

Imitation de Juvénal. Sat. 1, v. 165. [2]

    Ense velut stricto, quoties Lucilius ardens
    Infremuit, rubet auditor : cui frigida mens est
    Criminibus, tacita sudant praecordia culpa.

> *Ils tremblent qu'un Censeur, que sa verve encourage,*
> *Ne vienne en ses écrits démasquer leur visage,*
> *Et foüillant dans leurs mœurs en toute liberté,*
> v. 88.   *N'aille du fond du Puits tirer la vérité.*

*Démocrite disoit que la vérité estoit dans un puits.*

[Ce mot est de Démocrite] :

Voiez Diogène Laërce dans la vie de Pyrrhon (page 586 de l'édition d'Amsterdam de 1692. C'est l'édition de Ménage).

> *Ce sont eux que l'on voit, d'un discours insensé,*
> v. 92.   *Publier dans Paris, que tout est renversé,*
> *Au moindre bruit qui court, qu'un Auteur les menace*
> *De joüer des Bigots la trompeuse grimace.*

En 1664, on joüa Tartuffe. Quel bruit ne fit-il point, et quel tumulte n'excita-t-il pas contre l'illustre Molière. [3]

---

(1) Le Verrier, contrôlé par l'auteur, infirme ici formellement l'assertion de Souchay (éd. de 1740) que Boileau avait convenu lui-même que les vers 67 à 70 étaient une imitation de Montaigne et non d'Horace (voir Berriat-Saint-Prix, T. I, p. 50, note 2, éd. de 1837).

(2) Cette imitation de Juvénal n'est pas signalée par les trois commentateurs de Boileau.

(3) Boileau n'a pas corrigé la note de Le Verrier relative aux représentations de Tartuffe en 1664 parce qu'elle était exacte, alors que Brossette donne 1669. Les 3 premiers actes furent joués deux fois pour le Roi les 12 Mai et 25 Septembre 1664, et les cinq actes devant Mgr le Prince le 29 novembre de la même année et le 8 Novembre 1665. Cette pièce eut une représentation publique dans la salle du Palais-Royal le 5 Août 1667 et fut interdite le lendemain. Les représentations régulières ne commencèrent que le 5 Février 1669.

*iscours au Roi.*              *Quand je voi Ta sagesse, en ses justes projets,*
                              *D'une heureuse abondance enrichir Tes sujets ;*
         v. 121.    *Fouler aux pieds l'orgueil et du Tage et du Tibre :*

*Dans cet hémistiche l'Auteur comprend deux réparations que le Roy se fit faire*
[L'autheur parle icy de l'entreprise des Espagnols qui prétendoient
*en 1662 et en 1663. L'une par les Espagnols au sujet d'une insulte que le Baron*
establir que la Couronne d'Espagne l'emportoit sur celle de France.
*de Batteville avoit faicte au Marquis d'Estrades, ambassadeur de France à Londres,*
L'Espagnol fut contraint d'avouer par escrit que la Couronne de France
*et l'autre par les Parens du Pape au sujet de l'affront faict au Duc de Créqui dans*
l'emportoit sur celle d'Espagne, et de faire réparation de l'insulte qui
*Rome. Ces histoires sont imprimées en plus d'un livre. Le Marquis de La Fuente*
avoit esté faitte à Londres par Mʳ de Vateville, ambassadeur du Roy
*fut envoié en France et déclara au nom de son Maître que les ambassadeurs d'Espagne*
d'Espagne, à Mʳ d'Estrades, ambassadeur du Roy. Il en fut tout de même
*n'entreroient point en concurrence avec ceux de France et il y eut une colonne*
de l'insulte que l'Espagne avoit fait faire à Rome à Mʳ le Duc de Créqui.]
*eslevée à Rome pour réparation de l'attentat commis contre le Duc de Créqui.*


         v. 122.    *Nous faire de la mer une campagne libre .*

      M. Colbert rétablit le commerce.  ⁽¹⁾

              *Et Tes braves Guerriers, secondant Ton grand cœur,*
         v. 124.    *Rendre à l'Aigle éperdu sa première vigueur :*

      C'est du combat de Raab dont l'autheur parle icy. M. de Colligny y
commandoit les troupes du Roy. Il est certain qu'elles furent la principale
                              *l'armée impériale*
cause de la victoire que |l'Empereur| remporta sur les Turcs [en cette
occasion.]

---

# ORDRE DES SATIRES [1]

*Voici l'ordre de ses Satires :*

1<sup>re</sup> *Damon ce grand Auteur...*

2<sup>e</sup> *Qui frappe l'air bon Dieu...*

3<sup>e</sup> *Muse changeons de stile...*

4<sup>e</sup> *Rare et fameux Esprit...*

5<sup>e</sup> *D'où vient cher Le Vayer...*

6<sup>e</sup> *La Noblesse d'Angeau...*

7<sup>e</sup> *Quel sujet inconnu...*

8<sup>e</sup> *C'est à vous mon Esprit...*

9<sup>e</sup> *De tous les animaux...*

10<sup>e</sup> *Enfin bornant le cours...*

11<sup>e</sup> *Oui l'honneur, Valincour...*

---

(1) Ce classement des Satires est écrit de la main de Boileau au bas de la première page du Discours au Roi. Il indique l'ordre dans lequel elles doivent être placées, et, chose curieuse, cet ordre n'a jamais été suivi, pas plus dans les éditions des Satires publiées du vivant de l'auteur que dans celles qui ont vu le jour après sa mort :

La Satire II de l'édition de 1701 devrait être la IV<sup>e</sup>

| | | |
|---|---|---|
| III | d° | VII<sup>e</sup> |
| IV | d° | V<sup>e</sup> |
| V | d° | VI<sup>e</sup> |
| VI | d° | II<sup>e</sup> |
| VII | d° | III<sup>e</sup> |
| VIII | d° | IX<sup>e</sup> |
| IX | d° | VIII<sup>e</sup> |

Seules, les trois Satires I, X, XI de l'éd. de 1701 restent à leur rang.

# SATIRE I

L'autheur n'avoit que 19 ans lorsqu'il commença cette satire. Ce fut
*dans ses*
en 1657 [1]. Elle est toute entière dans l'air de Juvénal. Car [tantost il]
*ouvrages il a tenté plusieurs styles et tantost il*
s'habille à la manière de ce Poète, tantost à celle d'Horace.

> v. 1.   *Damon ce grand Auteur, dont la Muse fertile*
> *Amusa si long-temps, et la Cour et la Ville :*

*Dans cette Satire l'Auteur a*                           *celui qui a traduit la*
[Sous le nom de Damon, il a] eu en veuë Cassandre, [non pas qu'il le
*Rhétorique d'Aristote, non pas qu'il le crust aussi grand autheur qu'il peint Damon*
crust aussy grand autheur qu'il le dit], mais il a esté bien aise de relever
*y introduit pour donner plus de poids aux préceptes de Morale qu'il*
celuy qu'il [attaque, pour donner un air plus noble à sa satire.]
*lui met dans la bouche* [2].

> *Sans attendre qu'ici la Justice ennemie*
> *L'enferme en un cachot le reste de sa vie ;*
> v. 15.   *Ou que d'un bonnet vert le salutaire affront*
> *Flétrisse les lauriers qui lui couvrent le front.*

*Par les anciennes ordonnances un Banqueroutier pouvoit sortir de prison*
[En ce temps-là quand un homme faisoit banqueroute, on lui mettoit
*en déclarant publiquement qu'il cédoit tous ses biens à ses créanciers et en*
en pleine audiance un bonnet verd sur la teste et ses créanciers avoient
*souffrant qu'on lui mit en pleine ruë un bonnet verd sur la teste. C'est ce qui*
droit de le luy faire porter en tous lieux. Mais depuis cette coutume a
*s'appeloit faire cession et cela se pratiquoit encore dans le temps que l'Auteur*

---

(1) Le Verrier, sans être contredit par Boileau qui a corrigé lui-même la note, fixe à l'année 1657 la composition de la satire 1 ; Brossette lui assigne la date de 1660, mais l'édition de 1713 donnait 1658.

(2) Boileau a soin de spécifier la portée du qualificatif de « grand auteur » dont il gratifie Cassandre, ce qualificatif « donne plus de poids aux préceptes de morale qu'il lui met dans la bouche ». Cette nuance n'est pas signalée par Brossette.

*Satire I.* esté abolie. Si tous ceux qui fraudent aujourd'huy leurs créanciers ne
*fit cette Satire* [1].

pouvoient couvrir leur teste que de ce bonnet, il y a bien des Ducs et
des Marquis dont les couronnes deviendraient inutiles.]

> v. 21. *Puisqu'en ce Lieu jadis aux Muses si commode,*
> *Le mérite et l'esprit ne sont plus à la mode,*
> *Qu'un Poëte, dit-il, s'y voit maudit de Dieu,*
> *Et qu'ici la Vertu n'a plus ni feu ni lieu :*

Il y a ici beaucoup de choses qui sont imitées de la 3e Satire de
Juvénal, v. 21 :

> ... Quando artibus, inquit, honestis,
> Nullus in Orbe locus, nulla emolumenta laborum ;
> Res hodie minor est, here quam fuit atque eadem cras
> Deteret exiguis aliquid : proponimus illuc
> Ire, fatigatas ubi Dedalus exuit alas

> *Tandis que libre encor, malgré les destinées,*
> *Mon corps n'est point courbé sous le faix des années :*
> v. 31. *Qu'on ne voit point mes pas sous l'âge chanceler,*
> 32. *Et qu'il reste à la Parque encor dequoy filer.*

Imitation d'Horace, liv. 2, od. 3, v. 15 [2].

> Dum res, et œtas, et sororum
> Fila trium patiuntur atra

ou de Juvénal, Sat. 3, v. 26 :

> Dum nova canities, dum prima et recta senectus,
> Dum superest Lachesi quod torqueat, et pedibus me
> Porto meis, nullo dextram subeunte bacillo

> v. 34. *Que George vive ici, puisque George y sçait vivre,*

[Ce George est La Bazinière] [3].

---

(1) Postérieurement Le Verrier a complété en marge la note de Boileau : « Aucun Edit ny aucune ordonnance n'ont establi cette loy de porter un bonnet vert. Mais les arrests du Parlement l'ont ordonné. Le 1er est du 26 juin 1582 ».

(2) L'imitation d'Horace n'est pas signalée par Brossette, il parle seulement de celle de Juvénal qui suit.

(3) Ces cinq mots ont été raturés avec soin par Le Verrier. D'après Brossette ce George désignerait les partisans en général. Saint-Surin a voulu y voir Gorge, fameux traitant, mais Boileau dans une note manuscrite trouvée dans les papiers de Brossette avait fait justice par avance de cette interprétation « George est là un mot inventé, qui n'a point de rapport à M. Gorge qui « n'avait pas dix ans quand je fis cette satire et qui depuis a été un de mes meilleurs amis. » La vérité estdit o plus loin par Le Verrier quand il cite Dalibert. La Bazinière, Trésorier de l'Epargne, se nommait Macé Bertrand, était fils d'un paysan d'Anjou : il fut laquais chez le Président Gayau, puis clerc chez un procureur et mourut vers 1643. Tallemant lui a consacré une historiette des plus intéressantes. Boileau n'a pu le connaître.

*Satire I.*                    *Qu'un million comptant par ses fourbes acquis*
v. 36.          *De Clerc jadis Laquais a fait Comte et Marquis.*

*D'Alibert estoit un homme d'affaire qui dans l'origine avoit esté laquais* [1].
[Ce marquis est Dalibert.]

v. 37.          *Que Jaquin vive ici, dont l'adresse funeste*
*A plus causé de maux que la guerre et la peste,*
*Qui de ses revenus écrits par alphabet,*
*Peut fournir aisément un Calepin complet.*

*Jaquin. Il a voulu désigner l'illustre Jaquier qu'il ne connoissoit que sur un*
[Ce Jaquin est Jaquier, mal à propos l'autheur en parle-t-il icy
*bruit de Palais où les gens d'affaire surtout alors estoient haïs par excez. Jaquier*
comme il fait. Dans ce temps-là l'autheur estoit logé au haut d'une tour
*pourtant estoit un très honneste homme et qui avoit rendu de très grands*
chez son père dans la cour du Palais. Il dit que le premier pas qu'il fit
*services à l'Estat* [2].

*Il faut retran-*
*cher toute cette re-*
*que où tout est*
*eu pesamment*
*t plein d'ana-*
*nismes.*

vers la Fortune ce fut de descendre dans le galetas qu'on lui donna après
la mort de l'un de ses frères. Il a passé douze années dans ces deux
apartemens si voisins de la moienne région de l'air.] [3] [C'est là qu'il
s'est formé au bon goust, c'est-à-dire qu'il s'est rempli de ce que les
Grecs et les Latins ont de meilleur. C'est là qu'il s'est rendu propre la
morale des Anciens dont il s'est servi dans ses ouvrages avec tant de
succès et d'agrément. Mr le Duc de Vivonne ne laissoit pas d'y aller
souper toutes les semaines. Mr Des Préaux ne sortoit de son cabinet que
les Festes et les Dimanches. Encore n'estoit-ce pas pour longtemps, à
moins qu'il n'allast à Clignancour, où son Père avoit une maison.
Dalibert en avoit aussy une dans le mesme village. Le Greffier du Parlement vivoit en homme sage et frugal. L'autre alloit d'un autre air. Et
je laisse à penser l'impression que cela fait sur des gens de Palais.]

---

(1) Boileau a corrigé la note de Le Verrier disant que le Marquis auquel il a fait allusion était
Dalibert en expliquant que ce Dalibert était un homme d'affaires qui dans l'origine avait été
laquais. D'après les Historiettes de Tallemant (T. V, p. 86, éd. Paulin Paris) Dalibert avait été
Surintendant de la maison de Mr d'Orléans, il en est question dans le Catalogue des Partisans,
mazarinade de 1649 : « D'Alibert, confident de Cornuel, qui demeure rue des Vieux-Augustins, a
« esté de tous les traitez qui se sont faits par le moyen desquels il possède de grands biens, tant
« en maisons dans Paris qu'en rentes capitalisées ». Le Ms. Brossette 15275 en parle également.

(2) Boileau lui-même vient ici détruire ce qu'il a affirmé dans la note trouvée dans les papiers
de Brossette et dont nous avons reproduit ci-dessus la première partie relative à George :
« Jacquin est un nom mis au hasard. On l'a voulu imputer à M. Jacquier, homme célèbre dans
« les finances et qui a rendu de grands services à l'Etat ; mais je n'ai jamais pensé à lui ».
On ne peut être plus catégorique, mais la correction par Boileau de la note de Le Verrier ne
laisse prise, elle non plus, à aucune équivoque ! Il s'agissait bien dans sa pensée de Jaquier.

(3) Tout ce paragraphe relatif à la jeunesse de Boileau a été raturé avec soin par Le Verrier
sur le manuscrit, nous avons eu assez de difficulté à en rétablir le texte.

v. 42.  *Mais moi, vivre à Paris : Eh, qu'y voudrois-je faire ?*
          *Je ne sçai ni tromper, ni feindre, ni mentir,*
          *Et quand je le pourois, je n'y puis consentir.*

C'est Cassandre qui parle. Imitation de Juvénal, Sat. 3, v. 41 :
     Quid Romæ faciam ? mentiri nescio :
     Librum, si malus est, nequeo laudare et poscere : motus
     Astrorum ignoro...

     v. 55.  *Et je suis à Paris, triste, pauvre et reclus,*
          *Ainsi qu'un corps sans âme, ou devenu perclus.*

Juvénal, Sat. 3, v. 48 :

                              ...tanquam
     Mancus, et extinctæ corpus non utile dextræ

          *Et que le Sort burlesque, en ce siècle de fer,*
     v. 64.  *D'un Pédant, quand il veut, sçait faire un Duc et Pair.*
          *Ainsi de la Vertu la Fortune se joüe.*

                         *depuis*
     C'est de l'abbé de La Rivière, Evêque de Langres, Duc et Pair de
France, que l'autheur parle icy. On a eu tort d'appliquer ce trait à un
          *et Pair d'une très grande maison qu'on accusoit un peu de Pédantisme à*
Duc [dont Mʳ des Préaux n'approuvoit pas fort les manières, mais dont
*cause de ses manières rudes et hautaines, mais qui, au fond, estoit un homme de*
il respectoit extrêmement les vertus.]
*beaucoup de mérite et de probité* [1].
     L'abbé de La Rivière avoit régenté la Rhétorique dans l'Université.
*et c'est ce que l'Autheur a voulu désigner ici, car il entend en cet endroit par le*
[Ce n'est pas ce qui fait le Pédant. Car il y a tel des Régents de ce pais-
*mot de Pédant un Homme de basse naissance qui a régenté dans un Collège et*
là qui est mille fois moins pédant que plusieurs Marquis de Molière qui
*cela est imité de « Si fortuna volet fies de Rhetore Consul. »*
font les entendus. Ainsy le Pédantisme que l'autheur reproche icy à
l'abbé de La Rivière est moins fondé sur son premier mestier que sur
son caractère. Et cependant] Mʳ le Duc d'Orléans se laissoit, pour ainsy
                         *Pédant*
dire gourmander par ce [malheureux].

---

(1) Boileau confirme le dire de Le Verrier que le vers 64 n'était pas appliqué à l'origine à
l'abbé de La Rivière, mais à un autre Duc et Pair auquel le poète n'avait pas pensé.

*Satire I.* Il y a encore icy une citation de Juvénal, Sat. 3, v. 39 :

Qualeis ex humili magna ad fastigia rerum
Extollit, quoties voluit Fortuna jocari... [1]

*Tel aujourd'hui triomphe au plus haut de sa rouë,*
*Qu'on verroit de couleurs bizarrement orné,*
*Conduire le carrosse où l'on le voit traîné,*
*Si dans les droits du Roi sa funeste science,*
*Par deux ou trois avis n'eust ravagé la France.*

v. 71 *Je sçai qu'un juste effroi l'éloignant de ces lieux,*
et suivants. *L'a fait pour quelques mois disparoistre à nos yeux :*
*Mais en vain pour un temps une taxe l'exile :*
*On le verra bien-tost pompeux en cette ville,*

C'est du fameux Monnerot dont on parle icy. Il s'absenta d'abord à cause des taxes de la Chambre de Justice. Il se mit ensuite en prison. Il y demeura trois ans et sortit d'affaire à fort bon compte [2].

*Mais en vain pour un temps une taxe l'exile :*
*On le verra bien-tost pompeux en cette ville,*
*Marcher encor chargé des dépoüilles d'autrui,*
v. 76. *Et joüir du Ciel mesme irrité contre lui :*

Juvénal, Sat. 1re, v. 47 :

...At hic damnatus inani
Judicio (quid enim salvis infamia nummis ?)
Exul ab octava Marius libit, et fruitur dis
Iratis...

C'estoit Marius Priscus, proconsul d'Affrique, condamné pour ses concussions et banni de l'Italie.

v. 77. *Tandis que Colletet crotté jusqu'à l'échine,*
*S'en va chercher son pain de cuisine en cuisine :*

(1) Brossette et Saint-Marc signalent aussi l'imitation de Juvénal, mais elle s'appliquerait au vers 197 de la Satire III :
Si Fortuna volet, fies de rhetore consul
Berriat-Saint-Prix cite les deux imitations.

(2) Brossette et Saint-Marc se sont contentés de reproduire les 24 vers précédant le vers 65 qui figuraient dans les éditions antérieures à 1674, vers dans lesquels se trouvait cité le nom de Monléron, mais ils n'ont pas dit que ce Monléron n'était autre que Monnerot, ou, du moins, ils ont appelé Monnerot : Monléron. Le Catalogue des Partisans, 1649, p. 12, mentionne Monnerot qui avait sa maison dans la rue Richelieu, ce Monnerot passait alors pour le plus riche partisan du Royaume, il fut un des plus exactement recherchés et taxés (voir les Mémoires de Cosnac, T. II, p. 29 et Historiettes de Tallemant, T. IV, p. 447). Berriat-Saint-Prix a rappelé que les éditions subreptices de : 1666 (s. l.), 1667 (Cologne), 1668 (Amsterdam) portaient Monnerot.
L'épitre X de la Muse de la Cour du 28 octobre 1656 est adressée A Monsieur Monnerot, Conseiller du Roi, cette épitre célèbre la fortune et les mérites de Monnerot.

*Satire I.*          *un Poëte fort gueux et d'un mérite assez médiocre. Il a pourtant*

Colletet estoit [un misérable Poète dont on ne sçauroit point le nom *faict quelques pièces passables et il n'estoit pas sans génie. Voiés Pélisson,* si nostre Autheur et La Fontaine ne luy avoient jamais porté de coups.] [1] *Relation de l'Académie.*

v. 80.   *Dont Monmaur autrefois fit leçon dans Paris.*

*Monmaur estoit un fameux parasite tout hérissé de Grec et qu'on appelloit* [Monmaur avoit enseigné dans l'Université. Il étoit tout hérissé de *à cause de cela Monmaur le Grec, qui fréquentoit toutes les bonnes tables de Paris* grec et de latin. Il quitta sa robe de classe et se jetta dans le monde à *sans estre prié. Il parloit mal de tout le monde et surtout des gens de lettres.* toute force. On ne voioit que luy à toutes les tables. Les Parasites de *Cela lui attira un déluge de Satires qui furent faictes contre luy et dont une* Nasidienus n'en aprochoient pas.] *partie a été imprimée dans les Miscellanea de Ménage.*

Dalibray fit contre luy un Poème intitulé « La Métamorphose de Monmaur en marmite », et dans ce poème il y avoit entr'autres choses :

*Ces deux vers*          Son collet de pourpoint s'élargit en grand cercle;
*admirables par la*          Son chapeau de Docteur s'applatit en couvercle.
*rime.*

*C'estoit un homme de beaucoup de mémoire mais de très peu de jugement et* *c'est ce qui donna occasion à M^r de Monmor. M^tre des requestes, et qui ne le* *haïssoit pas moins que les autres quoy que semblable à lui de nom de faire cette* *Épitaphe de Monmaur vivant :*

Sous cette casaque noire
Repose paisiblement,
Monmaur d'heureuse mémoire
Attendant le jugement [2].

v. 81.   *Il est vrai que du Roi la bonté secourable*
*Jette enfin sur la Muse un regard favorable,*
*Et réparant du sort l'aveuglement fatal,*
*Va tirer désormais Phébus de l'hospital.*

[Pensions données par le Roy en 1664. Il en a déjà fait beaucoup de bruit.]

---

(1) Il n'y a pas malheureusement d'équivoque possible. Boileau a soin de spécifier lui-même qu'il s'agit bien du bon Guillaume Colletet et non de son fils François, malgré l'affirmation contraire de Brossette, Saint-Marc et Berriat-Saint-Prix (T. I, p. XLIX). Boileau a complété et amélioré ici sa note de l'éd. de 1713 en disant de Guillaume Colletet « qu'il n'était pas sans génie », mais ici génie signifie tout simplement « instinct du talent ».

(2) Le Verrier a ajouté lui-même au texte de Boileau l'épigramme de Habert de Monmor. Cette épigramme n'est pas citée par Brossette.

*Satire I.*    v. 97.   *Saint-Amand n'eut du ciel que sa veine en partage :*
*L'habit qu'il eut sur lui fut son seul héritage :*
*Un lit et deux placets composoient tout son bien,*
v. 100.   *Ou, pour en mieux parler, Saint-Amand n'avoit rien.*
*Mais quoi, las de traîner une vie importune,*
*Il engagea ce rien pour chercher la Fortune,*
*Et, tout chargé de vers qu'il devoit mettre au jour,*
*Conduit d'un vain espoir, il parut à la Cour.*
*Qu'arriva-t-il enfin de sa Muse abusée ?*
*Il en revint couvert de honte et de risée ;*
*Et la Fièvre au retour terminant son destin,*
*Fit par avance en lui ce qu'auroit fait la Faim.*

*de fréquenter les cabarets de Paris et de*
Saint-Amant s'estoit contenté [pendant longtemps de débiter ses

*Saint-Amand*
*mort avant*   *vendre ses ouvrages au Libraire.*    *L'espérance*    *pension du*
*née 1664 et*   vers dans quelques lieux obscurs de Paris. L'envie d'avoir [part aux
*y ne donnoit*   *Roy ou plutost du Cardinal Mazarin qui gouvernoit alors lui donna l'envie de se*
*t encore de pen-*   pensions que le Roy donna en 1664 fit prendre l'essor à ce poète.]
*produire à la Cour.*
Il composa à la loüange du Roy un poème intitulé, Poème de la Lune.

*une bonne partie de ses vers à*
Dans cet ouvrage, l'autheur avoit employé [les trois quarts de ses vers à
*peindre*    *le Roy qu'il avoit veu baigner nageoit*
montrer] avec quelle grâce [et quelle adresse le Roy sçavoit nager]
*Il*
dans la Seine, [où apparemment il l'avoit veu baigner.] [Saint-Amant]
*ce*    *où il fut siflé de tout le monde ce qui lui causa*
porta [son] poème à la Cour. [Son poème n'y fut pas bien reçu [1]. La
*tant de dépit que la fièvre l'ayant pris au retour, il mourut.* [2]
fièvre luy prit de dépit, il en mourut.]

V. 100. Imitation de Juvénal [3]. Sat. 3, v. 208, qui dit en parlant
d'un misérable poète de Rome :

---

(1) Le Verrier avait d'abord écrit : « Ils y furent tous deux huez à outrance ».
(2) Le portrait que Boileau a fait de la vie de Saint-Amant est inexact dans son ensemble et
dans ses détails, voir à ce sujet la notice sur ce poète de notre Bibliographie des recueils collectifs de poésies publiés de 1597 à 1700, T. II, p. 443, et aussi les T. III, p. 513 et T. IV, p. 181.
Le poème de « La Lune parlante » que Boileau appelle ici et dans la note marginale de
l'édition de 1713, le poème de « La Lune » avait été déclaré inexistant par tous les historiens de
Saint-Amant : Ch. Livet (notice en tête des Œuvres complètes, Bibl. Elzévirienne, 2 vol. 1855) ;
Victor Fournel (La littérature indépendante et les écrivains oubliés, 1862) et Durand-Lapie
(Saint-Amant, son temps, sa vie, ses poésies, 1897). Nous en avons découvert l'unique exemplaire qui a été analysé dans le Bulletin du Bibliophile, 1900, 15 déc., le texte complet
du poème se lit dans notre Bibliographie des recueils collectifs de poésies, T. II, p. 726.
(3) Le Verrier a mis en marge : Reprendre Juvénal depuis le vers 203 et le mettre icy.

3

*Satire I.*          Nil habuit Codrus. Quis enim negat ? Et tamen illud
                     Perdidit infelix totum nihil...

>    v. 109.   *Un Poëte à la Cour fut jadis à la mode :*
>              *Mais des Fous aujourd'hui c'est le plus incommode :*
>              *Et l'Esprit le plus beau, l'Auteur le plus poli,*
>              *N'y parviendra jamais au sort de l'Angeli.*

Langely estoit un [misérable] fou assez agréable que M. le Prince avoit amené de Flandres, et dont il avoit fait présent au Roy. [C'estoit un fou, mais un fort mauvais plaisant.] Il avoit [pourtant] amassé quelque bien.

*On faict un assez*

*Il faut retoucher toute cette remarque que l'on conte tout autrement.*

[Je ne sçay qu'un] bon conte de luy. [Il portoit sur son habit une espèce de robe en broderie. Les Provinciaux s'y méprenoient, et le croioient Cordon-bleu. Un Député du Parlement de Pau estant venu au coucher du Roy, Langely fit signe à M<sup>r</sup> le Comte de Gramont qu'il alloit ataquer le Député. En effet il luy parle. Le Béarnois le prit pour ce qu'il n'estoit pas. Insensiblement Langely l'engagea à se promener comme s'ils avoient esté dans la Galerie. Le Fou et le Béarnois furent bientost dans la dernière familiarité. Langely luy fit civilité pour se couvrir. Ils mirent tous deux leur chapeau. Langely marcha à grands pas, et haussa son ton de voix. Le Député fut la risée et du Roy et de sa Cour.] [1]

>    v. 113.   *Faut-il donc désormais joüer un nouveau rôle ?*
>              *Dois-je, las d'Apollon, recourir à Bartole,*

*fut*

M<sup>r</sup> Des Préaux estoit [alors] avocat au Parlement. [Jamais] il [n'a *mesme* *à l'âge de dix huit ans* *aujour-* esté] chargé [que] d'une cause qui ne se plaida point. M. Dongois [estoit *d'hui Greffier de la Grand'Chambre, son neveu,* estoit l'avocat de la partie adverse. son adversaire.]

M<sup>r</sup> Despréaux faisoit sur cela un conte assez plaisant, etc.

*Il faut raccommoder la narration et faire parler M. Des Préaux luimesme.*

[Les deux Procureurs oposez eurent quelque contestation pour la procédure, et s'en raportèrent à M. des Préaux. On l'avertit qu'ils le demandoient. Il ne lisoit alors ny Cujas ny Bartole. Il estoit dans le sein des Muses, et pendant qu'il achevoit quelques vers qu'il avoit en teste les deux Procureurs luy dirent que la contestation estoit de sçavoir

---

(1) Cette anecdote n'est pas dans le commentaire de Brossette, même retouchée comme le demandait Boileau.

*Satire I.* si la partie pour laquelle M. Des Préaux devoit plaider pouvoit faire interroger l'autre sur faits et articles. On s'en raporta à sa décision. Sans avoir entendu un mot de ce qu'on luy avoit dit, comme on luy demandoit son avis, il s'écria, eh cela devroit déjà estre fait. Les deux Procureurs receurent cet arrest, tout de même que si l'Aréopage l'avoit prononcé, et il entendit que l'un d'eux disoit en s'en allant : Ce jeune homme-là ira loin.] [1]

> *Moi ? que j'aille crier dans ce païs barbare,*
> *Où l'on voit tous les jours l'Innocence aux abois*
> *Errer dans les détours d'un Dédale de lois,*
> *Et dans l'amas confus des chicanes énormes,*
> *Ce qui fut blanc au fond rendu noir par les formes ;*
> v. 123. *Où Patru gagne moins qu'Uot et le Mazier,*

*faut retoucher*     [Uot et Le Mazier estoient deux avocats du Parlement qui se chargeoient de toutes sortes de causes ; deux braillards s'il y en eut jamais. Un jour Uot en plaidant dit qu'il plaidoit pour 40 mineurs. L'avocat de la partie oposée répondit qu'il n'y avoit pas un mineur en cause, et Uot répliqua que ses parties avoient 40 fils, petits-fils ou arrière-petits-fils. On sçait quelle différence il y a de plaider contre des mineurs ou contre des majeurs.] [2]

    v. 124. *Et dont les Cicérons se font chez Pé-Fournier ?*

*Pierre Fournier estoit un fameux Procureur du Parlement qui plaidoit très bien*
    [Pé-Fournier estoit un fameux Procureur du Parlement qui plaidoit *des causes de chicane, comme ils estoient plusieurs Procureurs de ce nom, on* mieux que beaucoup d'avocats.]
*mettoit en parlant de lui selon l'usage du Palais la première lettre de son nom propre, c'est à sçavoir la lettre P, et on l'appeloit Péfournier.*

> *Avant qu'un tel dessein m'entre dans la pensée,*
> *On pourra voir la Seine à la Saint Jean glacée,*
> *Arnauld à Charenton devenir Huguenot,*
> v. 128. *Saint-Sorlin Janséniste, et Saint-Pavin bigot.*

---

(1) Cette anecdote intéressante pour l'histoire de la vie de Boileau ne paraît pas avoir été racontée par Brossette.

(2) Ce que dit ici Le Verrier sur Uot ou Huot et Le Mazier est en partie inédit.

Le Mazier avait une nièce Mlle Romanet qui a épousé Racine. Voici un extrait des conversations de Brossette avec Boileau (Bibl. Nat. Ms 15275) : « Mr Racine avant que d'etre marié avoit été « fort amoureux de La Champmeslé, fameuse comédienne, mais quand il épousa Mlle Romanet il « rompit entièrement avec sa maitresse.

« Mlle Romanet n'avoit ni son père ni sa mère, elle étoit nièce de M. Le Mazier, avocat dont « parle Mr Despréaux. Et cet avocat ne passoit pas pour un fort honnete homme. Mlle Romanet « étoit sous la tutelle d'un autre oncle, frère de ce même Le Mazier. »

*Satire I.*          .....Et Saint-Pavin bigot. [Il y avoit originairement Dévot. M^r Des

*Cela n'est pas* Préaux a osté ce dernier mot de peur qu'on ne le prit dans un sens
*vrai et ce fut dans* oposé à celuy qu'il veut luy donner. Saint-Pavin estoit de la famille des
*la suitte pour me* Sanguin et se piquoit, selon l'usage détestable de ce temps-là, d'estre
*venger du Sonnet* mécréant.] Irrité du trait piquant de M^r Des Préaux, il fit contre lui une
*que je mis dévot.* épigramme qui finissoit par ces vers :

> En vérité je luy pardonne,
> S'il n'eust mal parlé de personne,
> On n'eust jamais parlé de luy.

M^r Des Préaux luy répondit ; [l'autre répliqua]. Il en sera parlé par la
suitte.] [1]

> *Quittons donc pour jamais une Ville importune,*
> *Où l'Honneur est en guerre avecque la Fortune :*
> *Où le Vice orgueilleux s'érige en Souverain,*
v. 132.   *Et va la mitre en teste et la crosse à la main :*

M. de Péréfix, Archevêque de Paris, venoit de faire à Port-roial cette
procédure si extraordinaire et si connue de tout le monde. [2]

Regnier a dit, Sat. 2 :

> Le vice qui, pompeux, tout mérite repousse
> Et va, comme un Banquier en carrosse et en housse.

v. 133.   *Où la Science triste, affreuse et délaissée,*
> *Est par tout des bons lieux comme infâme chassée ;*

Imitation de Regnier qui a dit, Sat. 3 :

> Si la science pauvre, affreuse et méprisée,
> Sert au Peuple de fable, aux plus grands de risée.

> *Et sans aller rêver dans le double Vallon,*
v. 144.   *La colère suffit, et vaut un Apollon.*

<hr>

(1) La correction de Boileau remet les choses au point en ce qui concerne le qualificatif de
dévot appliqué par lui à Saint-Pavin, dans les éditions publiées de 1674 à 1683. Les vers de ce
poète libertin dont le talent est remarquable n'ont été réunis qu'au XVIII^e siècle par Saint-Marc
(Amsterdam, 1759, in-12), mais M. Paulin Paris en a publié une édition beaucoup plus complète,
Paris, Techener, 1861, in-8, à laquelle on peut ajouter plusieurs pièces inédites reproduites dans
notre Bibliographie des recueils collectifs de poésies publiés de 1597 à 1700, T. II, p. 461, T. III,
p. 523 et T. IV, p. 183.

Denis Sanguin de Saint-Pavin était le sixième fils de Jacques Sanguin, sieur de Livry, Conseiller au Parlement dès 1582 et Prévôt des marchands de la Ville de Paris, et de Marie du
Mesnil. Christophle Sanguin que Saint-Marc lui donne pour père était son frère aîné.

(2) La note de Le Verrier qui vise l'archevêque de Paris est nouvelle. Voir Ms. Brossette 15275.

(3) Cette citation de Regnier n'est ni dans Brossette, ni dans Saint-Marc, ni dans Berriat-Saint-Prix.

*Satire I.*    Juvénal a dit, Sat. 1, v. 79 :

.....Si Natura negat
Facit indignatio versum.

Regnier a imité ce trait ; [Il n'y a qu'à le raporter pour faire voir combien en imitant il estoit éloigné d'enchérir sur celuy qu'il imitoit.]

Puis souvent la colère engendre de bons vers

*Mais il n'a pas songé comme M^r D. à enchérir sur son original.*

# SATIRE II

[M. Des Préaux qui ne vouloit connoistre que ses livres, ne songeoit
*Mᵣ de*
point à connoistre l'illustre Molière. Mais Mᵣ de] Puy-morin, frère de
*Molière fut celui qui donna à son frère la*
nostre Autheur et fort ami de [cet excellent Poète comique, leur fit faire
*connoissance de cet illustre Poète comique.*
connoissance.] Leur caractère qui tendoit également au vray, leur génie,
*enclin à la satire et leur dégoust pour les impertinences des Hommes*
[et peut estre plus que tout cela les estudes que Molière faisoit d'après
nature, sur ce qu'il remarquoit dans les discours et dans les actions de
*bientost*
nostre Autheur,] les portèrent à se voir souvent. [Leur amitié se forma
*et l'                               qu'ils avoient l'un pour l'autre alla tóujours*
bientost]. [Leur] estime mutuelle [ne fit qu'augmenter.] Encore aujour-
*en augmentant.*
d'huy l'Autheur ne feint pas de dire publiquement qu'il met Molière au
*de*
dessus de Corneille et [même de son amy] Racine. Là raison qu'il en
*apporte        que des trois c'est celui qui a le plus attrapé la Nature* (1).
[donne,] c'est [qu'il prétend qu'encore que la Comédie soit d'un gener
inférieur à la Tragédie, néanmoins il a mieux fourni sa carrière que les
deux autres ne sont venus à bout de leur entreprise.]

Selon l'ordre de la composition cette Satire devroit estre la
*quatrième*
[cinquième] satire de l'Autheur. La première que nous venons de voir est
entièrement dans l'air de Juvénal. Celle-cy est tout à fait dans le goust
d'Horace.

L'Autheur donne icy à son ami une facilité de tourner un vers et de
rimer, que son ami n'avoit pas, mais il est question de le loüer et de luy
faire plaisir.

---

(1) Les corrections de Boileau au sujet de Molière qu'il met au-dessus de Corneille et de
Racine, viennent confirmer le passage des conversations de Brossette avec Boileau (Ms. 15275)
p. 515 de l'éd. Laverdet.

      **v. 17.**  *Si je veux d'un Galant dépeindre la figure,*
                *Ma plume pour rimer trouve l'Abbé de Pure :*

Il y avoit dans l'origine :
        Si je songe à dépeindre un galant de nostre age,
        Ma plume pour rimer d'abord trouve Ménage.
                        *satirique*
     L'abbé de Pure s'estant avisé de faire une parodie de quelques scènes
de Cinna contre l'autheur [et d'introduire M^r Colbert qui parloit à
*M^r Despréaux*
l'autheur, on] osta Ménage pour mettre à sa place l'abbé de Pure.
     Cet abbé estoit fort connu dans le monde, et se piquoit de faire bien
             *On dit qu'il*
des contes. [Il les composoit, et] les aprenoit par cœur dans son cabinet
                           *Il estoit grand*
avant que d'aller les débiter dans les Compagnies. [Tous ses contes
*admirateur de Vitré l'Imprimeur et la pluspart de ses contes commençoient*
avoient le même exorde, et ne joüaient jamais leur rolle que sous un
*par :*
même masque. Ils commençoient toujours par ces mots,]
     Le Bonhomme Vitré, etc. [1]
[C'estoit Vitré l'imprimeur.]

        *Je ferois comme un autre, et sans chercher si loin,*
        *J'aurois toûjours des mots pour les coudre au besoin.*
  **v. 37.**  *Si je loüois Philis, En miracles féconde;*
        *Je trouverois bientost, A nulle autre seconde.*

    *C'est Ménage surtout que cet endroit regarde.*
     [C'est de Ménage dont l'autheur parle icy.]

        *Avec tous ces beaux mots souvent mis au hazard,*
        *Je pourois aisément, sans génie, et sans art,*
  **v. 45.**  *Et transposant cent fois et le nom et le verbe,*
        *Dans mes vers recousus mettre en pièces Malherbe.*
        *Mais mon esprit tremblant sur le choix de ses mots,*
        *N'en dira jamais un, s'il ne tombe à propos,*

             *se laisse jamais maitrizer par la rime. Il ne songe*
 M. Des Préaux ne [s'embarrasse jamais de la rime. Il arrange d'abord

---

(1) Les détails donnés sur les Contes de l'abbé de Pure ne sont pas dans le commentaire de
Brossette.

*Satire II.* *qu'à penser juste et après cela il faict si bien que la rime s'y trouve.*
dans son esprit ce qu'il veut dire, après cela il force la rime d'obéir.
Ayant fait ces deux vers

> Je pourois aisément, sans génie, et sans art,
>
> Dans mes vers recousus mettre en pièces Malherbe

il les dit à La Fontaine, qui d'abord s'escria, [Vertu diable] ne Jupiter
quidem melius. C'estoit son mot. Mais où est la rime à Malherbe,

> *répondit il faudra bien qu'elle se trouve et le lendemain*

et Mʳ Des Préaux luy [ayant dit le lendemain ce vers]
*lui apporta ce vers :*

> Et transposant cent fois et le nom et le verbe,

La Fontaine qui avoit un goust admirable, fut si surpris qu'il demeura
comme la statuë du Festin de pierre [1].

> v. 49. *Et ne sçauroit souffrir, qu'une phrase insipide*
> *Vienne à la fin d'un vers remplir la place vuide.*

Mʳ Des Préaux récitant cette satire à Mʳ Arnauld d'Andilly, il
*surtout*
admira ces deux vers.

> v. 53 *Maudit soit le premier dont la verve insensée*
> et suivants. *Dans les bornes d'un vers renferma sa pensée,*
> *Et donnant à ses mots une étroite prison,*
> *Voulut avec la rime enchainer la raison.*

M. D'Andilly compara ces quatre vers aux quatre vers de Brébeuf qui
ont fait tant de bruit,

> *C'est*           *vient*
> De luy que nous [tenons] cet art ingénieux
> De peindre la parole et de parler aux yeux

> v. 57. *Sans ce métier fatal au repos de ma vie,*
> 58. *Mes jours pleins de loisir couleroient sans envie,*

Il y avoit originairement :

> Sans ce métier, hélas ! si fatal à ma joie,
> Mes jours auroient esté filez d'or et de soie,

M. D'Andilly dit à l'autheur, vous venez de reprendre ceux qui

---

(1) Boileau confirme ici pleinement l'assertion de Brossette sur la surprise éprouvée par
La Fontaine qui croyait impossible de trouver une rime à Malherbe, mais il n'est pas question de
Molière cité également à ce propos par Brossette.

                                          *c'est de lui cette phrase « filés d'or et*
prennent les phrases de Malherbe [et ces deux vers sont presque tout
*de soye »*
entiers de luy. Du moins on croiroit qu'ils en sont véritablement.]
      *obligea l'Auteur à*
C'est ce qui les [fit] changer [à M. Des Préaux.]

      v. 62.   *La nuit à bien dormir, et le jour à rien faire.*

      M. Des Préaux aiant sçeu que quelques Académiciens luy repro-
choient de n'avoir pas mis la négative au dernier hémistiche, et. de
n'avoir pas dit *le jour à ne rien faire* leur fit connoistre que leur reproche
étoit mal fondé. Et depuis peu les trouvant à l'Académie, il fit convenir
tout le monde qu'en cet endroit il ne falloit point mettre la négative
pour deux raisons :
      [La première que l'*et* fait une disjonction qui sépare tellement les deux
*Il faut retrancher*   Hémistiches, qu'il met un espace infini entre l'un et l'autre. La seconde
*cet endroit qui ne*   qu'en ne mettant point la négative, il donne une réalité et une occupation
*s'entend pas bien.*   déterminée *à rien faire* comme *à bien dormir*.] La Fontaine dans son
épitaphe qu'il a faite luy-même depuis cette satire, a mis
            Quant à son temps bien sçeut le dispenser,
            Deux parts en fit dont il souloit passer,
            L'une à dormir, et l'autre à ne rien faire. (1)

      v. 73.   *Tous les jours malgré moi, cloüé sur un ouvrage,*
               *Retouchant un endroit, effaçant une page,*

      Molière [fut frappé de cette expression *cloué sur un ouvrage*. Il] a
                              *mais moins heureusement.*
employé le mot cloué dans une de ses pièces, [mais d'une manière bien
différente]. C'est dans les Femmes sçavantes (acte 1er, sc. 3) où Clitandre
dit à Henriette qui luy recommandoit surtout de gagner sa mère et sa
tante.
            De son étude enfin je veux qu'elle se cache,
            Et qu'elle ait du sçavoir sans vouloir qu'on le sache,
            Sans citer les autheurs, sans dire de grands mots,
            Et cloüer de l'esprit à ses moindres propos. (2)

---

(1) Suivant Brossette, Boileau aurait demandé à l'Académie de se prononcer : « sur laquelle
« de ces deux manières valoit le mieux, la sienne ou celle de La Fontaine. Il passa tout d'une
« voix que la sienne étoit la meilleure ». MM. Daunou et Raynouard avaient mis en doute ce récit.
      (2) Ce rapprochement avec Molière n'est signalé ni par Brossette, ni par Saint-Marc, ni par
Berriat-Saint-Prix.

*Satire II.*    v. 87.   *Un Sot en écrivant fait tout avec plaisir :*
*Il n'a point en ses vers l'embarras de choisir,*
*Et toûjours amoureux de ce qu'il vient d'écrire,*
*Ravi d'étonnement, en soi-mesme il s'admire.*

Horace. Liv. II, Ep. 2, v. 126.
Præterulerim scriptor delirus, inersque videri,
Dum mea delectent mala me, vel denique fallant
Quam sapere, et ringi. . . . . . . . .

*Mais un Esprit sublime, en vain veut s'élever*
v. 92   *A ce degré parfait qu'il tâche de trouver :*
et suivants.   *Et toûjours mécontent de ce qu'il vient de faire,*
*Il plaist à tout le monde, et ne sçauroit se plaire.*
*Et Tel, dont en tous lieux chacun vante l'esprit,*
*Voudroit pour son repos n'avoir jamais écrit.*

[L'autheur a mis ces quatre vers parce qu'il a acoutumé de parler ainsy de luy, lorsqu'à cœur ouvert il exprime ses sentimens à ses véritables *fut extrêmement frappé de ces 4 vers la première fois* amis]. Molière [de son costé estoit dans les mêmes sentimens. Il admira *qu'il les entendit.* ces quatre vers dès qu'il les entendit lire,] et serrant la main à l'autheur, *Voilà* [son action et ses paroles exprimèrent les sentimens de son cœur. Car *dit-il une grande vérité et pour moi je vous avoue que je n'ay jamais rien faict* Molière luy dit, vous venez de dire une des plus grandes véritez que vous *dont j'aye esté content* [1]. aiez jamais dites. En effet, je ne suis jamais content de moy dans mes ouvrages.]

(1) Boileau confirme ici la phrase prêtée à Molière dans les notes de Brossette.

# SATIRE III

Cette satire fut commencée en 1664 [1]. Le but de l'autheur n'est pas
sur
de faire voir comme plusieurs se le sont imaginez, qu'il est délicat [pour
*les bons morceaux.*

la table, qu'il n'y ait que les repas sans faute qui puissent luy convenir.]
*d'attaquer ces délicats de profession qui s'affli-*
Au contraire son dessein est [de blasmer les gens qui croient qu'on ne
*gent d'un mauvais repas qu'ils ont fait comme d'un grand malheur.*
peut manger agréablement, sans se jetter dans une délicatesse scrupuleuse
pour l'ordre, pour l'arrangement et pour le choix des mets.]
    C'est par la lecture que l'on fit de cette pièce au Roy qu'il commença
d'avoir de l'estime pour l'autheur. Dans cette pièce il y a deux Interlocu-
*une espèce de*
teurs, le Poète sous la lettre A et [Le] Broussin sous la lettre P. Souvent
*grand*
l'autheur m'a dit, Le Broussin faisoit l'homme de goust, et il n'en avoit
point, Le Rancher son frère ne disoit mot, et c'estoit luy qui en avoit.

> A.    *Quel sujet inconnu vous trouble et vous altère?*
>        *D'où vous vient aujourd'huy cet air sombre et sévère*
>        *Et ce visage enfin plus pasle qu'un Rentier,*
> v. 4.  *A l'aspect d'un arrest qui retranche un quartier?*
> et. 5.  *Qu'est devenu ce teint, dont la couleur fleurie*
>        *Sembloit d'ortolans seuls, et de bisques nourie,*
>        *Où la joye en son lustre attiroit les regards,*
>        *Et le vin en rubis brilloit de toutes parts?*

*sur les*          *de*
En 1664, le Roy retrancha un quartier [des] Rentes [sur] l'Hostel de
Ville.

---

[1] D'après Brossette, elle aurait été écrite en 1665, mais les corrections de Boileau ne permettent plus de discuter la date de 1664. Le Verrier nous apprend encore que grâce à la lecture qui en fut faite à Louis XIV, celui-ci en distingua l'auteur.

*Satire III.*      *Qui vous a pû plonger dans cette humeur chagrine?*
v. 10.   *A-t-on par quelque Edit réformé la cuisine?*

Dans la mesme année, le Roy fit beaucoup de réformes dans l'Estat.

*N'y manquez pas au moins. J'ay quatorze bouteilles*
v. 22.   *D'un vin vieux... Boucingo n'en a point de pareilles :*

Boucingo : fameux marchand de vin [et cabaretier de Paris.]

v. 23.   *Et je gagerois bien que chez le Commandeur,*
         *Villandri priseroit sa sève, et sa verdeur.*

C'estoit le Commandeur de Souvré, Homme de très peu d'esprit, mais
                                        *avoit pour ainsi dire la*
qui tenoit une table magnifique, dont Le Broussin [estoit le gouverneur et
*surintendance.*
l'ordonnateur. Il y a un mot fameux sur tout cela. Car on sçait que
Souvré demandoit souvent au Broussin qui lui vantoit quelque mets
nouveau : Auray-je bien du plaisir à manger de ce ragoust-là.] [1]

*Le couvert estoit mis dans ce Lieu de plaisance.*
*Où j'ai trouvé d'abord, pour toute connoissance,*
v. 43.   *Deux nobles Campagnards, grands lecteurs de Romans,*
44.   *Qui m'ont dit tout Cyrus dans leurs longs complimens.*

On ne parloit presqu'alors que Roman. C'est ce qui enfanta
les Précieuses de Molière.

*J'enrageois. Cependant on apporte un potage.*
*Un coq y paroissoit en pompeux équipage,*
*Qui changeant sur ce plat et d'estat et de nom,*
v. 48.   *Par tous les Conviez s'est appellé chappon.*

L'idée de ce vers vient de Dom Quichote qui ayant emploié beaucoup
de temps à fabriquer une salade de carton, la mit en pièce d'un seul
*Il faut retoucher* coup, lorsqu'il voulut essaier si elle estoit à l'épreuve de l'estramaçon. Il
*cela.* la racommoda comme il put, et la réputa fin Heaume. C'est cette expression qui a donné lieu à l'autheur de faire ce vers
Par tous les Conviez s'est appellé chappon [2]

---

(1) Le Verrier raconte ici une anecdote qui n'est pas dans le commentaire de Brossette.
(2) Cette remarque de Le Verrier que Boileau l'invite à retoucher n'est pas dans le commentaire de Brossette.

*Satire III.*

Fourcroy, célèbre avocat, [homme à bons mots et à bons tours, si on en croit les gens de Palais] aiant leu la description de ce ridicule repas, s'imagina d'en faire un encore plus ridicule. Car il copia celuy-cy à la lettre, et le donna à M. de Lamoignon, et à plusieurs amis de cet illustre magistrat. L'autheur estoit un des convives. Fourcroy voiant que personne ne mangeoit, ne manqua pas de s'applaudir et de rire. Mais pour couronner sa plaisanterie, il fit apporter un pasté qu'il croyoit merveilleux, et qui devoit effacer le souvenir de son mauvais repas. Le pasté se trouva gasté entièrement. Tout le monde fronça le sourcil et se leva de table avec chagrin. (1)

*ou cela ne s'en-pas et il faut faire.*

> *Moy qui ne conte rien ni le vin, ni la chère;*
> *Si l'on n'est plus au large assis en un festin,*
> v. 60.   *Qu'aux sermons de Cassaigne, ou de l'Abbé Cotin.*

Ce fut Furetière qui nomma Cotin à l'autheur.

Sur ce que l'autheur dit ici de Cassaigne, on sçeut qu'il preschoit. Tant de gens se mirent en teste d'aller voir si son auditoire estoit bien rempli, que ce jour là il eut beaucoup de monde. Il estoit de Nismes. (2)

> *Sentez-vous le citron dont on a mis le jus,*
> v. 64.   *Avec des jaunes d'œufs meslez dans du verjus?*

Ces potages se faisoient A l'Ecu d'argent (3) et l'autheur dit que Thierry, son libraire, les met encore en usage avec un soin merveilleux.

> v. 65.   *Ma foy, vive Mignot, et tout ce qu'il appreste!*

Mignot estoit Patissier et Traiteur (4) [et fort amy de Quinault]. (5)

> *J'approuvois tout pourtant de la mine et du geste,*
> *Pensant qu'au moins le vin dûst réparer le reste.*
> *Pour m'en éclaircir donc, j'en demande. Et d'abord,*
> *Un laquais effronté m'apporte un rouge bord*
> v. 73.   *D'un Auvernat fumeux, qui meslé de Lignage,*
> 74.   *Se vendoit chez Crenet, pour vin de l'Hermitage;*

---

(1) Le récit de Le Verrier se retrouve dans Brossette, mais sans les détails de la fin qui expliquent la mauvaise humeur des convives !

(2) Cette anecdote sur l'affluence du public à un des sermons de l'abbé Cassagne n'est pas dans le commentaire de Brossette.

(3) Dans une note en marge, Le Verrier a écrit : ..... A l'Escu d'argent, place Maubert. Il fait ainsi connaître l'adresse et l'enseigne de ce traiteur. Brossette avait parlé seulement du quartier de l'Université.

(4) Dans une note en marge : Traiteur dans l'Université.

(5) Le Verrier a eu soin de barrer que Mignot était fort ami de Quinault. Brossette n'en parle pas.

*Satire III.*     V. 73. D'Herbault, l'abbé de Bernay et Le Broussin ayant mené à
Herbault l'autheur que les ridicules ont toujours saisi, on leur présenta
d'un vin qu'on leur donna pour exquis, et pour estre fort seurement de
L'hermitage, mais on découvrit que c'estoit du vin d'Orléans qui estoit
*Tout cela n'est*   meslé du vin de deux crus très fameux en ce païs là, sçavoir l'Auvernat
*point vrai.*   et le Lignage. C'est par cette aventure que l'autheur aprit à les connoistre,
et qu'il connut aussy combien cette liqueur a de pouvoir sur certaines
personnes car au lieu de passer quélques jours à Herbault, comme on
l'avoit projetté, tout le monde s'en revint à Paris.

V. 74. Crenet estoit un fameux cabaretier et marchand de vin à
Paris. C'est luy qui avoit fourni ce vin.

> *Mais qui l'auroit pensé? pour comble de disgrâce,*
> v. 82.   *Par le chaud qu'il faisoit nous n'avions point de glace.*

Il n'y avoit pas alors plus d'un an que l'on avoit commencé à Paris
d'establir des glacières. [1]

> *Autour de cet amas de viandes entassées,*
> v. 94.   *Régnoit un long cordon d'aloüetes pressées,*

*On a trouvé mauvais que l'auteur ayt fait servir des alouetes*
[On a prétendu que l'autheur s'estoit mépris quand il a parlé
d'aloüetes] dans un repas qui se faisoit au mois de juin. Boursaut a
même fait une comédie toute entière pour blasmer cet endroit. Mais
pourquoy tous ces gens là n'ont-ils pas voulu concevoir que l'autheur
raille icy comme dans tout le reste de sa pièce.

> v. 95.   *Et sur les bords du plat, six pigeons étalez*
> *Présentoient pour renfort leurs squeletes brûlez.*

Horace. Sat. 8, Liv. 2, v. 90.
. . . . . . . Tum pectore adusto
Vidimus et Merulas poni, et sine clune palumbes

> v. 105.   *Sur tout certain Hableur, à la gueule affamée,*
> *Qui vint à ce festin, conduit par la fumée,*
> v. 107.   *Et qui s'est dit Profès dans l'ordre des Costeaux,*
> *A fait en bien mangeant, l'éloge des morceaux.*

V. 105. Ce Hableur s'appelloit Lionne, Président à la Cour des

---

[1] Ce détail n'est pas dans le commentaire de Brossette.

*Satire III.* Monnoyes. [1] C'estoit un parent de l'autheur. Car souvent il ne sort point
de sa famille pour prendre les sujets de ses satires. Entr'autres bonnes
qualitez dont ce Président paroissoit revestu, c'estoit un des plus grands
*l faut retoucher* parleurs et des plus grands parasites de Paris ; Effronté, souffleur,
*t cela.* chicaneur et l'homme du monde le plus prompt à donner conseil. Comme
il estoit à table chez M. Boileau, père de l'autheur, la Comtesse de Crissey
entra comme une Bacchante. Sa fureur troubla tout le repas. On venoit
de prononcer contre elle un arrest par lequel le Parlement, voulant
donner un frein à l'inclination qu'elle avoit de plaider, luy avoit interdit
la faculté d'exercer ce beau talent, sans le conseil et l'approbation de
L'Hoste et D'Ausannet, deux célèbres avocats de leur temps. Ce fut là
où se passa entre Lionne et la Comtesse cette scène fameuse (scène 7,
*'affaire n'est* act. 1) de la Comédie des Plaideurs de Racine. Car la Comtesse se plai-
*t comme cela.* gnant avec fureur, et Lionne voulant luy donner conseil, ils prirent d'abord
*aut tout retou-* une espèce d'amitié l'un pour l'autre, et tout à coup ils se brouillèrent au
dernier point. Le Poëte en a si bien fait le conte qu'il y auroit de l'impru-
dence d'en parler icy davantage. M^r Des Préaux qui avoit donné cette
scène à Racine, avoue qu'ils l'avoient exactement mise en prose, avant
que l'on songeast à la mettre en vers.

V. 107. Ceux que l'on regardoit comme les chefs de l'Ordre des
*dont M le*
Costaux, estoient le Commandeur de Souvré, M^r Mortemar, [depuis]
*estoit fils*
Duc de Vivonne, et Villandri [2] : Ménage en parle autrement.

> *Je vous trouve aujourd'hui l'âme toute inquiette,*
> *Et les morceaux entiers restent sur vostre assiette.*
> v. 119. *Aimez-vous la muscade? On en a mis par tout.*
> *Ah! Monsieur, ces poulets sont d'un merveilleux goût.*

C'est du Broussin dont on parle icy, parce qu'il mettoit de la muscade
en toutes sortes de sausses et de ragoûts à cause du Commandeur de

---

(1) Le Verrier met ici en toutes lettres le nom désigné seulement par des initiales dans le commentaire de Brossette. Ce M. B. D. L., cousin issu de germain de Boileau, n'est autre que Balthazar Lionne, Président en la Cour des Monnaies, né en 1608, fils de Claude Lionne II, Secrétaire du Roi, et d'Isabelle de Longueil qui s'étaient mariés en 1599. Il figure d'ailleurs dans le tableau généalogique de la famille de Boileau dressé par Berriat-Saint-Prix. Cet érudit a eu le tort de mettre en doute le fond même de cette historiette. (Erreurs de Brossette, T. III des Œuvres de Boileau, p. 477.)

(2) Brossette avait nommé le Marquis de Sillery comme l'un des chefs de l'ordre des Costeaux ; Le Verrier, corrigé par Boileau, désigne à sa place Villandry. Ce Villandry était fils de Baltazar Le Breton, seigneur de Villandry, Conseiller d'Etat et gentilhomme de la Chambre du Roi. Boileau en avait déjà parlé dans la satire III, vers 24. Cependant un fragment d'une lettre de Des Maizeaux invoquant l'autorité de Saint-Evremond qui faisait partie de l'Ordre des Costeaux cite, avec lui, le Comte d'Olonne et le Marquis de Laval-Boisdauphin (Voir la note de l'éd. Saint-Marc).

*Satire III.* Souvré qui avoit le goust tellement usé qu'il falloit toujours luy donner quelque chose de piquant. [1]

> *Quand on parle de sauce il faut qu'on y raffine.*
> *Pour moi, j'aime surtout que le poivre y domine :*
> v. 127. *J'en suis fourni, Dieu sçait, et j'ai tout Pelletier*
> *Roulé dans mon office en cornets de papier.*

Pelletier faisoit au moins un sonnet par jour.

> v. 141. *Quand un des Conviez, d'un ton mélancolique,*
> *Lamentant tristement une chanson bachique;*
> *Tous mes Sots à la fois ravis de l'écouter,*
> *Détonnant de concert, se mettent à chanter.*

             *a eu ici en veüe Mr*                *celui qui depuis a*

V. 141. L'autheur [parle icy] de La Chapelle [2] [qui estoit controlleur *épousé sa nièce. C'est lui qui a composé les deux relations des campagnes* des Bastimens du Roy et qui avoit épousé une nièce de M. Des Préaux. *de Rocroy et de Fribourg, ouvrages fort estimés. Il avoit extrémement d'esprit* La Chapelle n'avoit jamais ri qu'avec un froid à glacer. Cependant pour *et la voix fort belle, mais il chantoit tristement.* faire le plaisant par art, il ne manquoit pas à la fin du repas de demander un verre, et d'entonner une chanson bacchique. Il avoit une fort belle voix, mais la chanson la plus animée, il la chantoit d'un ton si froid et si lugubre qu'il n'y avoit pas moien d'y tenir.]

> v. 151. *Un valet le portoit, marchant à pas contez,*
> *Comme un Recteur suivi des quatre Facultez.*

Horace. S. 8, Liv. 2, v. 13.

> . . . . . . . . Ut Attica virgo
> Cum sacris Cereris, procedit fuscus Hydaspes
> Cæcuba vina ferens. . . . . . . . .

---

(1) Le Verrier explique ici l'épigramme contenue dans le vers 119, Brossette a ignoré cette allusion malicieuse.

(2) Brossette ayant mis M. de la C..., neveu de Boileau, les commentateurs qui sont venus après lui avaient appliqué, avec juste raison, ces initiales à Henri de Bessé de La Chapelle-Milon, marié à Charlotte Dongois, veuve Gaultelier. Berriat-Saint-Prix (Erreurs de Brossette, T. III, p. 473, des Œuv. de Boileau) s'appuyant sur ce que Henri de Bessé n'avait épousé la nièce du poète que le 4 novembre 1668, c'est-à-dire trois ans après la publication de la satire III, en a conclu qu'il ne pouvait être question de celui-ci dans cette satire. Mais Boileau lui-même vient confirmer ici de la façon la plus catégorique l'assertion de Brossette, non seulement en ce qui concerne le personnage mais encore en ce qui a trait à la manière de chanter d'Henri de Bessé.

M. le Vicomte de Grouchy a publié le contrat de mariage de Charlotte Dongois, nièce de Boileau, avec Henri de Bessé. (Bulletin du Bibliophile, 1893, p. 193.)

Le Recueil de Conrart, T. IX, p. 353 (Bibl. de l'Arsenal N° 5418) renferme une églogue en vers par La Chapelle-Bessé : Berger que je me plais en ces aymables lieux

> *Le vin au plus müet fournissant des paroles,*
> *Chacun a débité ses maximes frivoles,*
> *Réglé les intérests de chaque Potentat,*
> *Corrigé la Police et réformé l'Estat;*
> *Puis de là s'embarquant dans la nouvelle guerre,*

v. 166.  *A vaincu la Hollande, ou battu l'Angleterre.*

[Parmi les pots et les verres, on règle volontiers l'Estat.] Dans ce

*la protection des Hollandois contre les*

temps-là le Roy avoit pris [le parti de la Hollande contre l'Angleterre.]
*Anglois et avoit marché avec ses troupes au secours des premiers.*
C'estoit en 1664 et 1665.

> *Là, tous mes Sots enflez d'une nouvelle audace,*

v. 170.  *Ont jugé des Auteurs en maistres du Parnasse.*

Perse. Sat. 1, v. 30, a dit

> . . . . . . . Ecce inter pocula quaerunt
> Romulidae saturi quid dia poëmata narrent.

v. 173.  *Quand un des Campagnards relevant sa moustache,*
> *Et son feutre à grands poils ombragé d'un pennache,*
> *Impose à tous silence, et d'un ton de Docteur,*
> *Morbleu! dit-il, La Serre est un charmant Auteur!*
> *Ses vers sont d'un beau stile, et sa prose est coulante.*

*M<sup>r</sup> de Baugue*

Ce campagnard si bien dépeint s'appelloit de [Bauve] gentilhomme

*champenois,* *parent* [1]

[de Champagne qui avoit épousé une] parente de l'autheur.

> *La Pucelle est encore une œuvre bien galante,*

v. 179.  *Et je ne sçai pourquoi je baaille en la lisant.*

*Ce qui a donné occasion à l'Auteur de mettre ici cette plaisanterie, c'est une*
[Ce que l'on met icy dans la bouche de ce campagnard sur le poème
*naïveté que dit une Demoiselle de l'Hostel de Rambouillet* [2] *qui avoit*
de La Pucelle est un mot fameux d'une Demoiselle de l'Hostel de

---

(1) Boileau n'a pas écrit « parent » de sa main, mais il a supprimé l'e du texte de Le Verrier.
Berriat-Saint-Prix (Erreurs de Brossette, T. III., p. 473) n'est pas heureux en contredisant
Brossette qui, cette fois encore, avait mis seulement des initiales. Il est vrai qu'aucun des
commentateurs n'était arrivé à les identifier. Il s'agit de M. de Baugues (Bogues, d'après Berriat-
Saint-Prix), parent de Boileau. Charles de Bogues, seigneur de Villecresne, Maréchal général des
logis de la cavalerie légère, né en 1615, marié en 1655 à Marie Langault, veuve Lagneau.
Boileau a peut-être été mal servi par sa mémoire en le qualifiant de gentilhomme champenois,
mais sa femme était née à Châlons-sur-Marne et c'est bien de lui dont il s'agit.

(2) D'après Brossette, cette demoiselle serait Madame de Longueville.

*Satire III.*  *entendu la lecture de la Pucelle et à qui on la vantoit fort. Il est vrai, dit-elle,*
Rambouillet qui en portoit ce beau témoignage. Des Réaux en avoit fait
*que cela est fort beau, mais cela est bien ennuieux.*
le conte à Patru, et Patru à l'autheur.]

> v. 180.  *Le Païs sans mentir, est un bouffon plaisant :*
> *Mais je ne trouve rien de beau dans ce Voiture.*
> *Ma foi, le jugement sert bien dans la lecture.*
> *A mon gré, le Corneille est joli quelquefois.*
> *En vérité pour moi, j'aime le beau François.*
>
> . . . . . . . . . .

Tout ce qu'on lit icy depuis le vers 180 jusqu'au vers 200ᵉ est copié
d'après nature. L'autheur avoit composé cette Satyre, lorsqu'il fut prié
par La Fontaine d'aller passer quelque temps à Château-Thierry avec
Racine. La partie se fit et s'exécuta. Le Lieutenant [criminel] du lieu <sup>(1)</sup>
prit l'autheur en amitié, et luy ayant donné à manger à luy seul sans prier
La Fontaine ni Racine, ce fut à ce repas là que ce Lieutenant [criminel]
dit toutes les [extravagances] que l'autheur met icy à proffit [d'une manière
*pour cela tout son Dialogue qu'il avoit faict d'une autre manière.*
si agréable. Les coups de maistres qu'il remarqua <sup>(2)</sup> dans ce magistrat
de campagne luy firent changer presque tout ce dialogue. Que l'on est
heureux quand on peut trouver de tels originaux et qu'ils sont heureux
eux-mêmes quand ils tombent en si bonne main.]

*(Superscript words above lines: «général» over «Lieutenant», «général» over «Lieutenant», «naïvetés provinciales» over «[extravagances]», «et il changea» over end of line)*

> v. 185.  *Je ne sçai pas pourquoi l'on vante l'Alexandre :*
> *Ce n'est qu'un glorieux qui ne dit rien de tendre :*
> *Les Héros chez Quinaut parlent bien autrement,*
> *Et jusqu'à je vous hais, tout s'y dit tendrement.*

C'est l'Alexandre de Racine que l'on joüait dans ce temps-là.

> *On dit qu'on l'a drapé dans certaine satire,*
> *Qu'un jeune Homme... Ah! je sçai ce que vous voulez dire,*
> *A répondu nostre Hoste, Un Auteur sans défaut,*
> La Raison dit Virgile, et la Rime Quinaut.

---

(1) Brossette avait dit : un officier de robe. Le Verrier précise en désignant le lieutenant-général de Château-Thierry. Il nous apprend que les incidents du repas de Boileau avec ce magistrat lui firent recommencer le passage de cette satire III écrit de toute autre manière.
(2) Le Verrier avait d'abord écrit : « Le naturel qu'il trouva ».

*Satire III.*

     *Justement. A mon gré, la pièce est assez plate :*
     *Et puis blâmer Quinaut... Avez-vous vû l'Astrate?*
     *C'est là ce qu'on appelle un ouvrage achevé.*
v. 196.  *Sur tout l'Anneau Royal me semble bien trouvé.*
     *Son sujet est conduit d'une belle manière,*
     *Et chaque acte en sa pièce est une pièce entière :*
     *Je ne puis plus souffrir ce que les autres font.*
     *Il est vrai que Quinaut est un Esprit profond :*

Il faut voir l'Astrate de Quinault, act. 3, scène 2. Je le marque précisément. Car si par hazard quelqu'un a la curiosité de consulter l'original, je suis bien aise qu'il ne luy en couste pas ce qu'il m'en a cousté, et de luy épargner le dégoust de lire une pièce si peu digne d'estre leuë. Le Poëte feint dans cette pièce; Et que n'y feint-il pas à tort et à travers. Il feint, dis-je, que la Reine estoit fille d'un Roy usurpateur qui en mourant luy avoit recommandé d'épouser Agénor, Prince de son sang. Dans le temps qu'Agénor croit l'épouser, elle déclare à Astrate, fils inconnu du véritable Roy à qui l'Usurpateur avoit osté la vie, qu'elle l'aime et qu'elle veut en l'épousant le mettre sur le trosne. Et tout à coup sans sçavoir trop ny pourquoy ny comment, la confidente de la Reine découvre à Astrate que la Reine vient de témoigner à son Rival tout ce

   *maîtresse*

qu'une passionnée peut témoigner de soins et d'empressemens à un amant :

  *Que vous diray-je enfin ? La première des marques*
  *Que l'usage en ces lieux veut qu'on donne aux Monarques*
  *L'anneau roial, déjà jusqu'en ses mains remis,*
  *Fait trop voir quel espoir luy peut estre permis.*

Un moment après, et dans la scène 3ᵉ de l'acte 3 Agénor sort de l'apartement de la Reine et rencontre Astrate. Agénor fait briller son anneau royal. Il le montre à son Rival qu'il insulte. Il tombe d'accord qu'Astrate a le cœur de la Reine, mais que pour luy il va la posséder réellement, elle et son trosne :

  *Et vais enfin au gré de mes transports pressans,*
  *M'assurer d'estre heureux sur la foy de mes sens.*

Quelle expression. Elle me paroist toute nouvelle à moy qui sçay trop

   *et qui ne sçauroit lire mesmes ses opéra.*

mal mon Quinault. [Je sçay que ses opéras sont pitoiables, mais j'avouë qu'il ne m'estoit pas entré dans l'esprit que ses tragédies fussent de ce caractère. L'Astrate m'a détrompé.] [1]

---

(1) Le Verrier, sans être contredit par Boileau, traduit ici toute l'animosité de ce dernier contre Quinault et dont Brossette s'était déjà fait l'écho.

# SATIRE IV

I faul retoucher cela, Molière toil point sévère 'égard des Co- iennes. Je n'es- point assidu Comédies de lière et le mot La Torillière t point là en lieu.

Cet abbé Le Vayer estoit fils du fameux La Mothe Le Vayer. Tout abbé qu'il estoit, jamais homme ne fut plus passionné pour la comédie. [Il estoit ami de Molière qui malgré son humeur sévère à l'égard des Comédiennes, souffrit que cet abbé allast dans leurs loges, et c'estoit luy qui mettoit la paix entre elles. Car à coup seur elles sont toujours broüillées ensemble. L'autheur estoit de son costé fort assidu aux Comédies de Molière qu'il estimoit, mais peu familier avec les Comédiennes. Cependant La Torillière, homme naïf, le voulant remercier de ce qu'il avoit soutenu le Tartuffe chez M. le Premier Président de Lamoignon luy dit, Monsieur, contez que nous vous regardons comme un homme de nostre Trouppe.

Cette Satyre fut faitte immédiatement après celle qui est adressée à Molière, et avant celle du Festin. L'abbé Le Vayer avoit extrêmement
*que l'auteur lui adressa celle-cy.*
loüé celle à Molière[1]. C'est ce qui fist [mettre à la teste de celle-cy le nom de cet abbé.] Il avoit de l'esprit, et on voit de luy une traduction de Florus ; quoiqu'il eust découvert plusieurs fautes dans celle de Coeffeteau, la sienne a disparu, et celle de Coeffeteau est demeurée.
*mettre en Comédie*
Molière avoit eu dessein de [traiter dans une Comédie] le sujet de
*et de faire des visionnaires plus naturels que          qui sont tous des*
cette Satyre. [Mais] les Visionnaires de Des Marets [l'en détournèrent
*extravagans qu'on n'a jamais veus. Il en a même donné quelque trait dans son*
parce qu'il a mis une partie de ce sujet dans sa comédie. Cependant ce
*Trissotin où les Femmes sçavantes sont de véritables visionnaires.*
même sujet avoit tellement frapé Molière qu'il n'a pu s'empêcher d'en toucher quelque chose dans son Trissotin ou les Femmes sçavantes.]

> *Un Bigot orgueilleux, qui dans sa vanité,*
> *Croit duper jusqu'à Dieu par son zèle affecté,*

---

(1) Le Verrier nous apprend que les éloges de l'abbé Le Vayer sur la satire II ont engagé Boileau à lui dédier celle-ci.

*Couvrant tous ses défauts d'une sainte apparence,*
v. 22.   *Damne tous les Humains, de sa pleine puissance.*

Ce vers a été imité par Molière dans son Festin de pierre quand Dom Juan dit dans l'acte 5ᵉ, scène 2 : « Je vais prendre le parti d'estre Hypo-« crite... Je seray le vengeur de la vertu opprimée et sous ce prétexte « commode, je pousseray mes ennemis. Je les accuseray d'impiété et « sçauray déchainer contre eux de zélez indiscrets, qui sans connoissance « de cause crieront contre eux, qui les accableront d'injures, et les « damneront hautement de leur autorité privée. »

*En un mot qui voudroit épuiser ces matières,*
*Peignant de tant d'esprits les diverses manières :*
v. 31.   *Il conteroit plûtost, combien dans un printemps,*
32.   *Guenaud et l'antimoine ont fait mourir de gens :*

V. 31. Imitation de Juvénal. Sat. 10, v. 220.
Promptius expediam, quot amaverit Hippia mœchos,
Quot Themison aegros Autumno occiderit uno.

V. 32. Guénaud estoit médecin de la Reine-Mère Anne d'Autriche.
*de la Faculté*
C'est le premier médecin qui ait mis l'antimoine en usage. Il n'y avoit
*ce qu'ils appellent*
avant luy que les Charlatans qui s'en servissent.

v. 33.   *Et combien la Neveu devant son mariage,*
*A de fois au public vendu son P\*\*\* .*

Cette Misérable estoit dans son temps la plus fameuse Courtisanne
*oncle du Roy*
de Paris et la plus débordée. Le [vieux] Duc d'Orléans [l'avoit entre-
*dans sa première jeunesse l'emploioit à ses débauches et la promenoit quelque*
tenüe. A quelles horreurs et à quels excez de débauche ne s'est-il point
*fois la nuit toute nue dans les rues de Paris* [1].
porté pour cette malheureuse créature.]

v. 39.   *Tous les hommes sont fous : et malgré tous leurs soins,*
*Ne diffèrent entre Eux que du plus ou du moins.*
*Comme on voit qu'en un bois, que cent routes séparent,*
*Les voyageurs sans guide assez souvent s'égarent ;*
*L'un à droit, l'autre à gauche, et courant vainement,*
*La mesme erreur les fait errer diversement.*

---

(1) Les détails donnés par Boileau ne sont pas dans le commentaire de Brossette, mais Berriat-Saint-Prix les cite d'après une note inédite.

*Satire IV.*     V. 39. ..... Vitiis Nemo sine nascitur : Optimus ille est
Qui minimis urgetur..... (Horace. L. 1., S. 3, v. 68.)
Desipiant omnes æque ac tu, qui tibi nomen
Insano posuere. Velut sylvis, ubi passim
Palantes error certo de tramite pellit.
Ille sinistrorsum, hic dextrorsum abit : Unus utrique
Error, sed variis illudit partibus. Hoc te
Crede modo insanum, nihilo ut sapientior ille
Qui te deridet, caudam trahat.....

(Id., Liv. II, S. 3, v. 47.)


*Sans mentir, l'avarice est une étrange rage,*
v. 67.  *Dira cet autre Fou, non moins privé de sens,*
*Qui jette, furieux, son bien à tous venans,*
*Et dont l'âme inquiète à soi-même importune,*
*Se fait un embarras de sa bonne fortune.*


*veut ici désigner*                        *neveu de Mr Hennequin,*
L'autheur [parle icy de] l'abbé de Bernay, [qui estoit un Hennequin,
*Doyen du Parlement, si fameux pour sa bonne table. Cet abbé estoit un homme*
homme fort extraordinaire, s'il y en eut jamais. Il ressembloit un peu à
*fort extraordinaire, prodigue à l'excez, et d'une si grande inquiétude que sans*
Tigellius ; aujourd'huy prodigue, et demain avare, et avare à un  point
*avoir aucun sujet*
que lorsque son accez d'avarice le prenoit,] il avoit accoutumé de dire :
Si je pouvois me trouver demain mort dans mon lit, je serois bien
content, car je ne dépenserois rien.

Mr Racine a logé deux ans chez luy, peu de temps après que cet
illustre Poète fut sorti de Port-roial. L'abbé de St-Romain, célèbre
par ses ambassades [et surtout par celle de Suisse], a aussi logé quelque temps chez cet abbé [de Bernay].

L'abbé de Haqueville estoit aussy fort ami de l'abbé de Bernay.
*et  qui mangeoit souvent chez l'abbé*
C'estoit encore un homme d'esprit, [riche en bénéfices, et qui pourtant
*de Bernay.*
ne tenoit d'autre table que celle qu'il trouvoit à crédit chez l'abbé de
Bernay.] [1]

---

(1) Le Verrier écrit en toutes lettres les noms dont Brossette avait mis les initiales :
l'abbé de B..., H...; les autres commentateurs de Boileau n'ont pas cherché à les identifier. Il
y ajoute quelques détails, particulièrement sur le séjour que Racine fit chez l'abbé de Bernay.
(Voir sur ce dernier les Historiettes de Tallemant des Réaux, T. V., p. 44, éd. Paulin Paris.)

*Satire IV.*        *Qui des deux en effet est le plus aveuglé?*
*L'un et l'autre à mon sens ont le cerveau troublé,*
v. 73.    *Répondra chez Fredoc, ce Marquis sage et prude,*
*Et qui sans cesse au jeu, dont il fait son étude,*
*Attendant son destin, d'un quatorze ou d'un sept,*
*Voit sa vie ou sa mort sortir de son cornet.*

*Cela est superflu*
*et ne dit rien.*

Sous le nom de Marquis, l'autheur peint son frère aisné, qui estoit sage en toutes choses, hors au jeu où il estoit fou jusqu'à la fureur. Il n'est pas concevable jusqu'où elle alloit, dez que le jeu luy estoit contraire. Il semble qu'icy le Poète se sert des privilèges et des ressorts de son art, pour exagérer les emportemens d'un joüeur extraordinaire. Cependant il peint d'après nature. Peut estre mesme n'a-t-il pas assez atrapé le naturel qui alloit au delà de toute expression. Une personne qui devoit à ce frère aisné, noyé dans le jeu, une rente assez considérable estant venue pour la luy payer, ce débiteur se présenta si malheureusement dans le temps qu'il joüait aux Dames, jeu qui estoit alors plus à la mode qu'il n'y est maintenant, ce joüeur furieux dit à ce païeur de rentes, peut-on aporter de l'argent à un homme qui a une dame à damer. [1]

*Chapelain veut rimer, et c'est là sa folie,*
*Mais bien que ses durs vers d'épithètes enflez,*
*Soit des moindres Grimauds chez Ménage siflez :*
*Lui-mesme il s'applaudit, et d'un esprit tranquille,*
*Prend le pas au Parnasse au-dessus de Virgile.*
*Que feroit-il, hélas! si quelque Audacieux*
*Alloit pour son malheur lui désiller les yeux :*
*Lui faisant voir ces vers et sans force et sans grâces,*
v. 98.    *Montez sur deux grands mots, comme sur deux échasses;*
*Ces termes sans raison l'un de l'autre écartez,*
v. 100.    *Et ces froids ornemens à la ligne plantez?*

V. 98. [Ce vers marque un autre vers de Chapelain :
Sur ce roc sourcilleux le feste inaccessible
Ce sont en effet les deux épithètes qui enflent le vers. Car sans ces

---

(1) Berriat-Saint-Prix (T. III, Erreurs de Brossette, p. 480) est parti en guerre contre Brossette au sujet du Marquis dont celui-ci a fait avec raison le frère ainé de Boileau, Jérôme, greffier au Parlement. Berriat a tort encore une fois, car Le Verrier confirme pleinement l'assertion de Brossette et Boileau se contente de déclarer que « cela est superflu et ne dit rien » alors que pour d'autres remarques de son commentateur, il n'hésite pas à mettre en marge : « Tout cela n'est point vrai. » Le Verrier s'est beaucoup plus étendu que Brossette sur la passion du jeu qui animait Jérôme Boileau.

épithètes quelle harmonie tireroit-on de ces deux mots ce roc, le feste. C'est pour cette raison que l'autheur escrivoit ce vers de cette manière

Sur ce roc        le feste<br/>sourcilleux      inaccessible]

V. 100. Dans le poème de la Pucelle, après un certain nombre de vers, il y a toujours une comparaison. Cela est compassé et comme tiré au cordeau.

v. 101.
*Qu'il maudiroit le jour où son âme insensée*
*Perdit l'heureuse erreur qui charmoit sa pensée!*
*Jadis certain Bigot, d'ailleurs homme sensé,*
*D'un mal assez bizarre eut le cerveau blessé :*
*S'imaginant sans cesse, en sa douce manie,*
*Des Esprits bien-heureux entendre l'harmonie.*
*Enfin un Médecin fort expert en son art,*
*Le guérit par adresse, ou plûtost par hasard.*
*Mais voulant de ses soins exiger le salaire,*
*Moi? vous payer? lui dit le Bigot en colère,*
*Vous, dont l'art infernal, par des secrets maudits,*
*En me tirant d'erreur, m'oste du Paradis.*

V. 101. Cet endroit est imité d'Horace. Epist. 2, Liv. 2, v. 127.

. . . . . . . Fuit haud ignobilis Argis,
Qui se credebat miros audire Tragœdos...
Hic ubi cognatorum opibus curisque refectus,
Expulit elleboro morbum, bilemque meraco,
Et redit ad sese : Pol ! me occidistis, amici,
Non servastis, ait; cui sic extorta voluptas
Et demtus per vim mentis gratissimus error.

*C'est un Pédant qu'on a sans cesse à ses oreilles,*
*Qui toûjours nous gourmande, et loin de nous toucher,*
v. 120. *Souvent, comme Joli, perd son temps à prescher.*

C'est Joli, curé de St-Nicolas des Champs, depuis Evêque d'Agen. [L'autheur n'a pas prétendu le loüer icy, au contraire il a voulu luy donner un coup de dent.]

Satire IV.
Chapelain sou-
tsouvent ses vers
r deux épithètes
i sont comme
échasses :
ce roc  Le faiste
sourcilleux   inaccessible

# SATIRE V

Cette satire est en partie dans l'air de Juvénal, et en partie dans l'air d'Horace.

Elle fut commencée en 1663 avant celle à Molière, et achevée en 1664 après celle à Molière. L'autheur avoit alors 26 ans.

Quand elle parut, on trouva fort extraordinaire que l'autheur l'eust adressée à M. Dangeau quoiqu'ils fussent amis, mais M. Dangeau estoit jeune. Il avoit l'honneur de joüer avec le Roy et avec Mlle de La Valière au Palais Brion, à la vérité on ne le regardoit point comme [un Héros, ny comme] un homme d'une qualité très distinguée, quoiqu'il soit

*d'abord*

d'ancienne noblesse et allié des Du Plessis-Mornay. Il est vray que

*fut*

l'intention de l'autheur [estoit] d'adresser cette pièce à M. le Duc de La Rochefoucault [à qui il s'en expliqua ouvertement] mais son nom de quatre sillabes fut un obstacle invincible. [Ce Duc dont la naissance, le rang et plus que tout cela le mérite devoient mettre le nom à la teste de cette satire fut assez galant homme pour entendre raison là-dessus et pour approuver les excuses de nostre autheur. D'ailleurs l'autheur ne manqua pas d'apuier ses raisons d'un exemple fameux dans l'ancienne Rome. Virgile avoit en effet commencé un poème des Rois d'Albe. Leurs noms mal propres à entrer dans la mesure du vers luy firent abandonner cet ouvrage et c'est ce qui a produit l'Enéide.]

*e n'en ay ja- is rien dit à de La Roche- aut.*

M. Dangeau s'estant mis à lire cette satire au Roy pendant qu'il joüoit, le Roy en fut frapé, et quitta le jeu pour l'entendre avec plus d'atention. Il la loüa extrêmement, M. de Montauzier même la trouva

*fort* car il a toûjours fort approuvé les ouvrages de l'Auteur quoiqu'il le

belle [du moins dans ce moment-là.]

*blâmast d'avoir attaqué Chapelain et les autres* [1].

---

(1) Cette satire a été composée, suivant Brossette, en 1665 ; d'après Le Verrier, appuyé par Boileau, elle fut commencée en 1663 et achevée en 1664, après celle à Molière. Le Verrier confirme la note inédite dont parle Berriat-Saint-Prix sur ce qu'elle devoit être adressée à M. de La Rochefoucauld, mais ce nom de quatre syllabes y mit obstacle. Les détails sur l'impression ressentie par Louis XIV en l'entendant lire par Dangeau et sur l'appréciation qu'en fit Mr de Montauzier ne sont pas dans Brossette.

v. 5.    *Mais je ne puis souffrir qu'un Fat, dont la mollesse*
       *N'a rien pour s'appuier qu'une vaine noblesse,*
       *Se pare insolemment du mérite d'autrui,*
       *Et me vante un honneur qui ne vient pas de Lui.*

*Je n'ay point ongé à M. de Cour- nay.*

C'est M. de Courtenay dont parle icy l'autheur.

v. 9.    *Je veux que la valeur de ses Ayeux antiques,*
       *Ait fourni de matière aux plus vieilles chroniques,*
       *Et que l'un des Capets, pour honnorer leur nom,*
       *Ait de trois fleurs de lis doté leur écusson.*
       *Que sert ce vain amas d'une inutile gloire?*
       *Si de tant de Héros célèbres dans l'Histoire,*
       *Il ne peut rien offrir aux yeux de l'Univers,*
       *Que de vieux parchemins qu'ont épargnez les vers :*
       *Si tout sorti qu'il est d'une source divine,*
       *Son cœur dément en lui sa superbe origine :*
       *Et n'ayant rien de grand qu'une sotte fierté,*
       *S'endort dans une lâche et molle oisiveté?*

Juvénal. Sat. 8, v. 1, Liv. 3.

     Stemmata quid faciunt, quid prodest, Pontice, longo
     Sanguine censeri, pictosque ostendere vultus
     Majorum, et stanteis in curribus Æmilianos,
     Et Curios jam dimidios, nasumque minorem
     Corvini, et Galbam auriculis nasoque carentem?
     Quis fructus generis tabula jactare capaci
     Corvinum, posthac multa contingere virga
     Fumosos Equitum cum Dictatore magistros,
     Si coram Lepidis male vinitur? Effigies quo
     Tot bellatorum, si luditur alea pernox
     Ante Numantinos si dormire incipis ortu
     Luciferi, quo signa Duces, et castra monebant. [1]

v. 25.    *Dites-nous, grand Héros, Esprit rare et sublime,*
       *Entre tant d'Animaux, qui sont ceux qu'on estime?*
       *On fait cas d'un Coursier, qui fier et plein de cœur*
       *Fait paroistre en courant sa boüillante vigueur :*
       *Qui jamais ne se lasse, et qui dans la carrière*
       *S'est couvert mille fois d'une noble poussière :*

---

(1) Cette imitation de Juvénal n'est pas signalée par Brossette.

*Mais la postérité d'Alfane et de Bayard,*
*Quand ce n'est qu'une rosse, est venduë au hazard,*
*Sans respect des Ayeux dont elle est descenduë,*
*Et va porter la malle, ou tirer la charuë.*
*Pourquoi donc voulez-vous que par un sot abus,*
*Chacun respecte en vous un honneur qui n'est plus?*

Imitation de Juvénal. Sat. 8, v. 56, où il traite de la même matière.

Dic mihi Teucrorum proles ; animalia muta
Quis generosa putet, nisi fortia? nempe volucrem
Sic laudamus equum, facili cui plurima palma
Fervet, et exultat rauco Victoria circo.
Nobilis hic, quocumque venit de gramine, cujus
Clara fuga ante alios, et primus in æquore pulvis
Sed venale pecus, Corithae posteritas, et
Hirpini, si rara jugo victoria sedit,
Nil ibi Majorum respectus, gratia nulla
Umbrarum, dominos prœtiis mutare jubentur
Exiguis, tritoque trahunt Epirhedia collo
Segnipedes, dignique molam versare Nepotis.

v. 31.   *Mais la postérité d'Alfane et de Bayard,*
*Quand ce n'est qu'une rosse, est venduë au hasard,*

Alfane, c'estoit la jument si fameuse de Gradasse, Roy de Séricane.
Bayard, c'estoit le cheval de Renaud de Montauban. [Cette importante vérité et plusieurs autres de la même qualité sont prouvées par les romans de Roland l'amoureux et de Roland le furieux.]

v. 38.   *La vertu, d'un cœur noble est la marque certaine.*

Juvénal. Sat. 8, Liv. 3, v. 20.

Nobilitas, sola est atque unica virtus.

*Respectez-vous les loix? Fuiez-vous l'injustice?*
v. 43.   *Sçavez-vous pour la gloire oublier le repos?*
*Et dormir en plein champ le harnois sur le dos?*

n'ay point songé
*de Turenne et*
*ce que vous dites*
*cela de Mr de*
*enne n'est point*
*apos ni vrai. Il*
*l'oster.*

[C'est M. de Turenne dont l'autheur parle icy. Mr le Maréchal de Duras luy dist un jour en parlant de la vigilance de ce grand capitaine qu'il y avoit des momens où le plus vigilant de tous les hommes estoit arresté par la faiblesse de la nature. Et voicy l'exemple que M. de Duras en rapporta.

Après la bataille de Rethel, Mr de Turenne fut contraint de prendre la

*Satire V.* fuite avec quelques-uns de ses amis. Il n'y avoit pas un moment à négliger. Il estoit perdu, s'il estoit pris. Sans suite, sans valets, il fut obligé de repaistre dans un méchant cabaret de village. Un de ceux de la Troupe se détacha pour avoir soin des chevaux et pour les faire brider le plus tost qu'il seroit possible. M<sup>r</sup> de Turenne et les autres qui estoient demeurez dans la chambre s'ennuièrent de n'avoir point de nouvelles ny des chevaux ny de celui qui s'estoit chargé de les faire amener. Ils allèrent dans l'écurie ; ils le trouvèrent endormi dans la mangeoire, mais d'un sommeil si profond qu'il leur fut impossible de le réveiller. Ils tinrent conseil. D'abord on opina à le tuer, de peur que s'il estoit pris, il ne découvrist leur dessein, qui estoit de se retirer en Allemagne. La compassion, ou le moien qu'ils trouvèrent de le lier sur son cheval, et de l'emmener de cette sorte tout endormi, les détournèrent de tremper les mains dans le sang de leur compagnon. Au second lieu où ils s'arrestèrent encore pour donner halène à leurs chevaux, M. de Turenne luy-même fut accablé d'un sommeil si violent, que rien ne put l'éveiller, et que l'on fut obligé de le lier aussy sur son cheval pour l'emmener. Adieu sa vigilance.]

> v. 46.   *Alors soyez issu des plus fameux Monarques ;*
>         *Venez de mille ayeux ; et si ce n'est assez,*
>         *Feuilletez à loisir tous les siècles passez,*
>         *Voyez de quel Guerrier il vous plaist de descendre ;*

Imit. de Juvénal. Sat. 8, v. 131.

> Tunc licet a Pico numeres genus, altaque si te
> Nomina delectant, omnen Titanida pugnam
> Inter majores, ipsumque Promethea ponas,
> De quocumque voles proavum tibi sumito libro.

> v. 55.   *Ce long amas d'ayeux que vous diffamez tous,*
>         *Sont autant de témoins qui parlent contre vous ;*

Juvénal. Sat. 8, Liv. 3, v. 138.

> Incipit ipsorum contra te stare parentum
> Nobilitas, claramque facem præferre pudendis

> v. 67.   *Je m'emporte peut-estre, et ma Muse en fureur*
>         *Verse dans ses discours trop de fiel et d'aigreur.*

Le Poète commence à prendre icy le caractère d'Horace.[1]

---

[1] Cette remarque n'est pas dans le commentaire de Brossette.

*Satire V.*　　　　　*Hé bien, je m'adoucis. Vostre race est connuë.*
　　　　　　　　　*Depuis quand? Répondez. Depuis mille ans entiers ;*
　v. 72.　　*Et vous pouvez fournir deux fois seize quartiers.*

*n'est point*
*'Hozier qui me*
*a critique et*
*que M^r Nublé*
*fit mon ou-*
*e n'estoit point*
*'mé* ⁽²⁾.

[Il y avoit d'abord 3o quartiers, mais les D'Hosier que l'autheur connoist dès le collège⁽¹⁾ le relevèrent de cette erreur généalogique. Patru vouloit qu'il laissast les 3o quartiers ne croyant pas que le Poëte dust paroistre si exact dans la science des Généalogies. Mais le Poëte préféra l'exactitude à la licence.]

　v. 76.　　*Mais qui m'assurera qu'en ce long cercle d'ans,*
　　　　　　　*A leurs fameux Epoux vos Ayeules fidèles,*
　　　　　　　*Aux douceurs des Galands furent toujours rebelles?*

Sous des termes honnestes que ne dit point l'autheur; et par cet artifice, quel sublime, quel merveilleux ne fait-il point sentir icy.

　　　　　　　*Et comment sçavez-vous, si quelque Audacieux*
　　　　　　　*N'a point interrompu le cours de vos ayeux;*
　　　　　　　*Et si leur sang tout pur avecque leur noblesse,*
　v. 82.　　*Est passé jusqu'à vous de Lucrèce en Lucrèce ?*

　　　　　　　　　　　　　　　　　　　　　　　*Voiés*
Un fat entendant un jour lire cette satire s'escria sur cet endroit. [Que *comme il a placé là le Poëte Lucrèce.*
cela est bien tourné. Personne, en effet, ne ressemble tant que vous au Poète Lucrèce.]

　v. 102.　　*Et tout ce que Segond dans son Mercure entasse,*

C'est Segond⁽³⁾ qui a fait le Mercure armorial.

　v. 110.　　*Le Duc et le Marquis se reconnut aux Pages.*

　　　　　　　　　　　　　　　　　　　　　　*de*
Dans le temps que cette satire fut composée, tous les gens [un peu *qualité*
distinguez] avoient des pages. [Le bonhomme du Tillet, greffier du Parlement avoit aussy des pages en qualité de Marquis. Les mêmes personnes qui en avoient autrefois, n'en ont plus à présent, et depuis que

---

(1) Le Verrier avait d'abord écrit « ...dont l'autheur a toujours esté amy, malgré les fausses préventions de plusieurs personnes, le relevèrent de cette erreur généalogique ».
(2) Ces détails ne sont pas dans le commentaire de Brossette.
(3) Charles Segoind.

5

*Satire V.* le Roy a fait quiter les Trousses à ses pages, on ne voit plus ce ridicule habilement (*sic*).]

> v. 115.  *Mais pour comble, à la fin le Marquis en prison*
> *Sous le faix des procès vit tomber sa maison.*

La contrainte par corps, même pour dettes personnelles, avoit lieu dans ce temps-là. Elle n'a esté abolie qu'en 1667.[1]

> v. 117.  *Alors, le Noble altier pressé de l'indigence,*
> *Humblement du Faquin rechercha l'alliance ;*
> *Avec lui trafiquant d'un nom si précieux,*
> *Par un lâche contract vendit tous ses Ayeux.*
> *Et corrigeant ainsi la fortune ennemie,*
> *Rétablit son honneur à force d'infamie.*

Ce que l'autheur dit icy est arrivé plusieurs fois.[2]

> *L'amour de vos ayeux passe en vous pour manie,*
> *Et chacun pour parent vous fuit et vous renie.*
> *Mais quand un Homme est riche, il vaut toûjours son prix :*
> v. 128.  *Et l'eust-on vû porter la mandille à Paris,*
> *N'eût-il de son vrai nom ni titre ni mémoire,*
> *D'Hozier lui trouvera cent ayeux dans l'histoire.*

[C'est de G... (Guénégaud)[3] dont il veut parler. On dit qu'il avoit porté la mandille.] La mandille estoit une espèce de manteau sans colet et qui descendoit tout au plus jusqu'à la moitié de la cuisse que les laquais portoient à Paris. Le vieux d'Hosier a fait la généalogie de quelques gens qui sont accusez d'avoir porté la mandille. C'est icy ce que l'autheur attaque. Car d'ailleurs il reconnoist le mérite de la famille des d'Hosier [dont il est l'ami dez l'enfance. Je ne puis m'empêcher de raconter un fait dont j'ay esté témoin. Mais auparavant il faut sçavoir que l'autheur avoit un frère aisné[4], celuy qui a traduit l'Epictete (*sic*) et le 4e de l'Enéide, poëte si jaloux de son cadet qu'il disoit ordinairement « ce petit fripon se mesle de faire des vers ». D'Hosier aujourd'huy général des armes avoit aussy un frère aisné qui en matière de jalousie valoit bien un Boileau, et il disoit de son cadet « ce petit

*Cela ne me semble point digne d'estre escrit et n'est pas trop vrai.*

---

(1) Cette note n'est pas dans le commentaire de Brossette.
(2)        —        Id.        —
(3) Le nom de Guénégaud a été écrit par Le Verrier dans la marge et au crayon.
(4) Gilles Boileau.

*Satire V.* coquin se mesle déjà de faire des Généalogies ». L'autheur et D'Hosier, qui avoient esté quelques années sans se voir[1], je donnay lieu à renouveler leur connoissance. En l'embrassant M<sup>r</sup> Des Préaux ne manqua pas de dire « ce petit coquin qui fait déjà des Généalogies », l'autre répliqua aussy tost « ce petit fripon qui veut déjà se mesler de faire des vers ». Et il ne fut point question d'autre compliment.][2]

> *Toi donc, qui de mérite et d'honneurs revêtu,*
> *Des écueils de la Cour as sauvé ta vertu,*
> v. 133. *Dangeau, qui dans le rang où nôtre Roi t'appelle,*
> *Le vois toûjours orné d'une gloire nouvelle,*

[Ce fut M. Dangeau qui persuada à l'autheur de mettre quelque chose à la loüange du Roy dans cette satire.]

> *A ses sages conseils asservir la Fortune;*
> *Et de tout son bonheur ne devant rien qu'à soi,*
> v. 140. *Montrer à l'Univers ce que c'est qu'estre Roi.*

L'autheur a icy en veuë le temps où le Roy gouverna luy-même ses affaires après la disgrâce de M<sup>r</sup> Fouquet [3].

> *Si tu veux te couvrir d'un éclat légitime,*
> v. 142. *Va par mille beaux faits mériter son estime.*
> *Sers un si noble Maistre; et fais voir qu'aujourd'hui*
> *Ton Prince a des Sujets qui sont dignes de lui.*

M. Dangeau estoit jeune, et n'avoit point encore servi.
Quelques jours avant le départ du Roy pour la campagne de 1672,
                                        M<sup>lle</sup> de
l'autheur soupa chez Lenclos avec M<sup>r</sup> De Longueville, M<sup>r</sup> le Duc de
                        Il n'y estoit point.          et comme on parloit fort de
La Rochefoucault, [M<sup>r</sup> De Marsillac] et M<sup>r</sup> Dangeau. [On ne manqua
l'ardeur avec laquelle la jeunesse françoise alloit se signaler dans cette guerre où
pas de parler de l'ardeur que témoignoient déjà quelques jeunes gens.
l'on verroit qui estoit brave
Lenclos moralisa beaucoup là dessus] M<sup>r</sup> Dangeau prit la parole et dit

---

(1) Le Verrier a supprimé ce membre de phrase : « Quoiqu'amis et camarades de collège » pour éviter probablement une répétition.
(2) Cette longue note qui me en cause M. de G... est complétée par le nom que Le Verrier a écrit au crayon dans la marge  M. de Guénégaud (Est-ce Henri de Guénégaud, sieur du Plessis-Belleville, secrétaire d'Etat ?) ; elle apporte de curieux détails sur les frères de Boileau et les d'Hozier.
(3) Cette note ne se lit pas dans le commentaire de Brossette.

*Satire V.* *pour moi je prétens y faire mon devoir et rien davantage à quoy M^{lle} de Lenclos* [que pour luy il ne feroit point de sotise. Je le croy répartit Lenclos en *respondit : Je ne doute point que vous ne vous gouverniés fort sagement, mais* montrant M. de Longueville et, elle dit, mais c'est celuy-là que je crains *c'est ce jeune Seigneur-ci, ajousta-t-elle en montrant M^r de Longueville,* que j'ay qu'il n'en fasse. Il y périt, en effet, l'autre s'en revint sain et sauf.] *bien peur qu'il ne fasse quelque sottise et en effect il fut tué dans cette campagne-là mesme au passage du Rhin.* [1]

------

(1) Toute cette longue note de Le Verrier, entièrement refaite par Boileau, n'est pas dans Brossette.

# SATIRE VI

L'autheur n'avoit que 20 ans, lorsqu'il commença cette satire. Il en estoit au premier degré de sa fortune, c'est-à-dire que de la guérite où il

*chés son Père*

logeoit d'abord, il estoit descendu dans le grenier d'où il entendoit le bruit des passans, et des ouvriers de la ruë S. Loüis près le Palais.

*n'est point | t je ne con- | 's pas Mʳ Ra- | ns le temps | la fis et tout | vous dîtes | lière est trop | our estre ra-* Cette pièce fut composée dans le temps que l'Alexandre de Racine parut sur le théâtre : cette satire plaisoit si fort à Molière qu'il souhaita de la faire entendre à sa femme [1]. L'autheur ne voulut pas satisfaire sur cela l'empressement de son ami, de peur que la femme de Molière ne crust l'autheur fort inférieur à son mary.

*faisoit d'abord partie de*

[Dans la chaleur de la composition] cette satire [estoit insérée dans la *la 1ʳᵉ : Damon ce grand Auteur....*

première de notre autheur à l'exemple de Juvénal. Sat. 3°], mais l'autheur *qu'un trop long détail des embarras de Paris languissoit,*

aiant reconnu [que ces deux sujets joints ensemble languissoient, il *il résolut d'en faire une satire à part.*

détacha celuy-cy de l'autre [2]. Ainsi] cette pièce est en partie dans l'air de Juvénal. Sat. 3ᵉ, et en partie dans l'air d'Horace. Epist. 2, Liv. 2.

> . . . . . . . *Les souris et les rats*
> *Semblent, pour m'éveiller, s'entendre avec les chats,*
> *Plus importuns pour moi, durant la nuit obscure,*
> v. 12.     *Que jamais, en plein jour, ne fut l'Abbé de Pure.*

L'Abbé de Pure a traduit et fort mal traduit Quintilien. Cet excellent Rhéteur, liv. 4, c. 2, donnant des règles pour la narration dit que dans la narration l'on peut faire entrer et les choses passées comme cela arrive

---

(1) Le Verrier avait écrit primitivement : Elle (la satire) plaisoit si fort à Molière qu'il voulut obliger l'autheur de la réciter à Mᵉˡˡᵉ Molière.

(2) Le Verrier, sans être contredit par Boileau, infirme la note de Brossette fixant à 1660 l'année de la composition de la Satire I dont la Satire VI a fait partie, et il ajoute ici des détails intéressants qui ne sont pas dans le commentaire de Brossette.

*Satire VI.*

*Il faut refaire tout cela car on ne l'entend point.*

souvent et les choses présentes comme Cicéron l'a pratiqué dans l'exorde de son oraison « pro Roscio amerino » contre Chrysogonus. Voicy les termes de Quintilien : Adjiciunt, expositionem et præteritorum esse temporum quae est frequentissima et praesentium qualis est Ciceronis de discursu amicorum Chrysogonus postquam est nominatus. Il n'y a personne qui ne voye du premier coup d'œil que Quintilien ne veut dire autre chose sinon « après que Cicéron eut nommé Chrysogonus ». Et l'abbé de Pure avoit traduit « Après que Cicéron fut appellé Chrysogonus ». Mais on dit que les railleries qu'on luy fit de sa bévuë l'obligèrent de la corriger.

L'autheur a escrit contre des Poëtes qu'il ne connoissoit point et qui ne lui avoient fait ny bien ny mal, contre d'autres qu'il connoissoit et qui avoient ou parlé ou escrit contre luy, et enfin contre d'autres encore qu'il ne connoissoit point et qui l'avoient ataqué. Car, souvent pour trouver les noms de ceux qu'il a citez dans ses premiers ouvrages, il ne faisoit

*et il sa-*

qu'ouvrir ces reciïeils de vers qu'imprimoit autrefois de Sercy [et là il *crifioit à la Satire ceux qui avoient le malheur de lui plaire car il ne croioit pas* trouvoit à coup seur et des noms propres à rimer, et des vers dignes de *leur faire grand tort par ses vers qu'il n'avoit pas dessein de donner au Public* satire [1]. L'abbé de Pure avoit excité l'indignation de l'autheur plus que *et qu'il ne pensoit pas que les Hommes dussent regarder. On soupçonnoit l'abbé* qui que ce soit. Car avant qu'il eust parlé de luy, cet abbé avoit fait] *de Pure d'avoir fait*                               *par*
une parodie de cette scène si fameuse de Cinna qui commence Prens un siège, Cinna... Dans cette parodie, il introduisoit M^r Colbert convainquant l'autheur et son frère l'Académicien [ou l'Argentier du Roy] d'avoir composé une satire qui couroit contre ce Ministre [dans le temps qu'il estoit le plus animé à poursuivre M^r Fouquet, qui dans sa disgrâce même a trouvé en public des deffenseurs ou par amitié ou par estime seulement ou par l'un et l'autre tout ensemble.]

> *Tout conspire à la fois à troubler mon repos :*
> *Et je me plains ici du moindre de mes maux.*
> v. 15.  *Car à peine les coqs, commençant leur ramage,*
> *Auront de cris aigus frappé le voisinage :*
> v. 17.  *Qu'un affreux Serrurier, que le Ciel en couroux*
> *A fait, pour mes péchez, trop voisin de chez nous,*
> *Avec un fer maudit, qu'à grand bruit il appreste,*
> *De cent coups de marteau me va fendre la teste.*

---

(1) Le Verrier a cherché à expliquer, sinon à justifier, les attaques de Boileau contre les poètes de son temps, et son plaidoyer n'est guère à l'honneur du satirique ; les corrections de Boileau ne sont pas de nature à atténuer cette fâcheuse impression.

*Satire VI.*    V. 15. Tout ce détail est une imitation d'Horace. Ep. 2ᵉ, Liv. 2ᵉ, v. 72.

> Festinat calidus mulis, gerulisque Redemptor
> Torquet nunc lapidem, nunc ingens machina Tignum
> Tristia robustis luctantur funera plaustris.
> Hac rabiosa fugit canis ; hac lutulenta ruit sus [1]

Il en faut encore lire la 3ᵉ satire de Juvénal depuis le vers 232.

V. 17. Le Verrier a ajouté en marge la note suivante qui est postérieure à 1710 :

> Mʳ Des Préaux, au mois de Janvier 1711 :
> . . . . . . . . laborieux Vulcain,
> Qu'éveillera bientost l'ardente soif du gain.

> v. 21. *J'entends déjà par tout les charettes courir,*
> *Les massons travailler, les boutiques s'ouvrir :*

Juvénal. L. I, S. 3, v. 236.

> . . . . . . Rhedarum transitus arcto
> Vicorum inflexu, et stantis convicia mandrae
> Eripiunt somnum Druso, vitulisque marinis, etc [2]

> v. 31. *En quelque endroit que j'aille, il faut fendre la presse*
> *D'un peuple d'importuns qui fourmillent sans cesse :*
> *L'on me heurte d'un ais, dont je suis tout froissé :*
> *Je vois d'un autre coup mon chappeau renversé.*

Juvénal. L. I, S. 3, v. 243.

> . . . . . . . Nobis properantibus obstat
> Unda prior, magno populus premit agmine lumbos
> Qui sequitur : ferit hic cubito, ferit assere duro
> Alter : at hic signum capiti incutit, ille metretam

> v. 41. *Et des Couvreurs grimpez au toit d'une maison,*
> *. En font pleuvoir l'ardoise et la tuile à foison.*

Les couvreurs de Paris sont obligez de laisser pendre du haut des maisons où ils travaillent une croix de bois qui avertit les passans de prendre garde à eux.

---

(1) Ces deux derniers vers sont cités par Brossette comme imitation du vers 35.

(2) Cette imitation de Juvénal n'a pas été signalée par Brossette, mais on la trouve dans l'édition Saint-Marc.

*Satire VI.*     Juvénal. V. 269, Sat. 3, Liv. 1.
            Quod spatium tectis sublimibus, unde cerebrum
            Testa ferit, quotis rimosa, et curta fenestris
            Vasa cadunt. . . . . . . .      [1]

      v. 43.  *Là sur une charette une poutre branlante*
            *Vient menaçant de loin la foule qu'elle augmente :*
            *Six chevaux attelez à ce fardeau pesant,*
            *Ont peine à l'émouvoir sur le pavé glissant :*

      Juvénal. V. 254.
            . . . . . . . . Modo longa coruscat,
            Sarraco veniente abies, atque altera pinum
            Plaustra vehunt, nutant alte, populoque minantur

            *Et par tout des passans enchaînant les brigades,*
      v. 60.  *Au milieu de la paix font voir les barricades.*

      Il fait allusion aux barricades que l'on fit à Paris durant les dernières
guerres civiles.

      v. 68.  *Guenaud sur son cheval en passant m'éclabousse;*

      Le cheval de Guenaud estoit connu de tout le monde. Car ce médecin
estoit tellement à la mode qu'on vouloit l'avoir à quelque prix que ce
                                        *Ainsi*
fust. [Aussy] son cheval n'avoit pas peu de chemin à faire [Pour sçavoir
combien Guenaud en estoit content, il n'y a qu'à voir ce que Molière en
dit dans le Malade imaginaire.]

            *Pour traverser la rüe, au milieu de l'orage,*
      v. 76.  *Un ais sur deux pavez forme un étroit passage :*

      Quand il a beaucoup pleu à Paris, et que les ruisseaux sont grossis,
                                        *d'ordinaire un vieil ais*
les Crocheteurs et les Porteurs de chaises mettent [un vieux pavé d'un
*sur deux pavés. C'est sur ce pont là que tout le monde passe moiennant le*
costé du ruisseau et une autre pierre de l'autre costé. Sur ces deux
*tribut de quelque double qui se paye aux fabricateurs du Pont* [2].
apuis, toujours inégaux et très mal assurez, ces misérables jettent

_____

(1) Cette imitation de Juvénal n'est ni dans Brossette, ni dans Saint-Marc, ni dans Berriat-Saint-Prix.
(2) Les explications données ici ne sont pas dans le commentaire de Brossette.

*Satire* VI. quelque méchante planche. C'est d'ordinaire le reste d'un vieux bateau. Ainsy la planche est toujours ou pourrie ou recourbée en dedans ou pliante, etc. Souvent on la trouve percée de plusieurs trous par où l'eau surnage dessus. Souvent on y trouve toutes ces bonnes qualitez. C'est sur ce pont redoutable aux yeux de l'autheur que tous les gens de pied passent toute la journée en donnant quelque argent à ces misérables crocheteurs.]

> v. 83.  *Car si-tost que du soir les ombres pacifiques*
>      *D'un double cadenas font fermer les boutiques,*

Juvénal. Sat. 3, v. 3o3, L. 1.

>      . . .   clausis domibus postquam omnis ubique
>      Fixa catenatæ siluit compago tabernæ.

> v. 87. *Que dans le Marché-neuf tout est calme et tranquille;*

*l faut oster cela n'est point i.*

[Le Marché-neuf pouvoit estre veu du haut de la guérite de l'autheur, et de là il pouvoit même entendre le bruit qu'y font les harangères.]

> v. 88.  *Les Voleurs à l'instant s'emparent de la Ville.*

[L'autheur parle de ces voleurs qui s'emparent de la ville, comme
                                                       *y avoit*
d'une chose établie et réglée parmi les citoiens de Paris.] Il [est pour-
*alors un si grand nombre de voleurs de nuict à Paris*
tant vray que ce désordre s'estoit si fort accreu et établi] que dèz qu'on sortoit [la nuit], il falloit ou se faire bien accompagner, ou porter de
            *contenter les voleurs qui autrement vous maltroitoient fort et*
l'argent pour [se racheter de la main des voleurs.]
*par qui vous couriés risque d'estre tué.* (1)

>      *Mais en ma chambre à peine ay-je éteint la lumière,*
>      *Qu'il ne m'est plus permis de fermer la paupière.*
> v. 101.  *Des Filoux effrontez, d'un coup de pistolet,*
>      *Ebranlent ma fenestre, et percent mon vôlet.*

*l faut retran-
r tout cela qui
t point digne
tre escrit.*

L'autheur qui ne venoit que de sortir du collège avoit encore les idées fraîches de ce qu'il y avoit veu arriver. Des voleurs avoient accoutumé de se mettre tous les soirs en embuscade sous les fenestres du Collège de Beauvais où l'auteur a esté longtemps pensionnaire. Un boursier de ce Collège, homme impatient et grand ennemi du vol, ne manquoit

---

(1) Brossette ne donne pas ce détail que le nombre des voleurs à Paris était si grand qu'il fallait « porter de l'argent pour les contenter ».

*Satire VI.*  pas de faire le guet à son tour, et de se tenir tous les soirs à la fenestre. Dez qu'il voioit les voleurs, il leur jettoit quelque ordure. Les voleurs ennuiez de ce manège, épièrent le moment que ce boursier sortoit à demy hors de sa fenestre et se panchoit pour les arroser, ils luy tirèrent plusieurs coups de pistolet et le tuèrent. [1]

> v. 103.   *J'entends crier par tout, au meurtre, on m'assassine;*
> *Ou, le feu vient de prendre à la maison voisine.*
> *Tremblant et demi mort je me lève à ce bruit,*

Juvénal. Sat. 3, Liv. I, v. 197.
Vivendum est illic, ubi nulla incendia, nulli
Nocte metus; jam poscit aquam, jam frivola transfert
Ucalegon : tabulata tibi jam tertia fumant :
Tu nescis. Nam si gradibus trepidatur ab imis :
Ultimus ardebit, quem tegula sola tuetur. [2]

> v. 106.   *Et souvent sans pourpoint, je cours toute la nuit.*

*Il n'est point né-*
*cessaire de faire la*
*description du*
*pourpoint qui est*
*encore assés connu*
*par lui-mesme et*
*qui seurement est*
*exprimé dans les*
*dictionnaires. Il*
*s'entend mieux que*
*le mot de corset, et*
*il n'est point vrai*
*qu'il descendoit jus-*
*ques sur les hanches.*

Dans le temps que cette satire fut composée, tout le monde portoit des pourpoints. [C'estoit une espèce de corset qui descendoit jusques sur les hanches, qui se boutonnoit par devant, et auquel il y avoit des manches atachées, tantost ouvertes, tantost fermées, tantost tailladées selon que la mode, compagne inséparable de la folie de quelques courtisans, ou de la bizarrerie de quelques femmes, vouloit en ordonner.]

On ne voit plus de pourpoint que dans les habits de cérémonie lorsque le Roy va au Parlement, lorsqu'il communie, enfin toutes les fois qu'il est en manteau et en haut-de-chausses, il a un pourpoint. Les Ducs et
                                                       *en ont*
Pairs laïques [portent le même habit] lorsqu'ils vont au Parlement. C'est encore et aujourd'huy l'habit de cérémonie.

Il est certain qu'un pourpoint marque mieux la taille qu'un justaucorps. Madame la Dauphine en aiant parlé en ces termes, le Roy luy donna un bal, où toute la cour estoit en pourpoint. [3]

> v. 111.   *Enfin, sous mille crocs la maison abysmée,*
> *Entraîne aussi le feu qui se perd en fumée.*

---

(1) Les détails sur cet épisode de la jeunesse de Boileau ne sont pas dans Brossette : Boileau ne les estimait pas dignes d'être conservés, on peut, avec Le Verrier, en juger autrement aujourd'hui.

(2) Ce rapprochement avec Juvénal n'est pas signalé par les commentateurs de Boileau.

(3) Cette note sur le pourpoint est beaucoup plus étendue que dans le commentaire de Brossette.

*Satire VI.*  Il y a dans l'Hostel de Ville de Paris plusieurs crocs, plusieurs

*quand le feu ne*

seaux, et autres machines avec quoy on abat une maison [et avec quoy

*peut s'éteindre autrement.*

on éteint en fort peu de temps le feu qui a pris avec tant de violence

*Il faut oster cela*
*isque cet ordre*
*ors n'estoit point*
*bli dans la ville* [1]

qu'on ne peut l'éteindre autrement. La police veut que l'on abate cette maison, plutost que de laisser le feu consumer les maisons voisines.] Aussy y a-t-il jour et nuit au haut d'une guérite de la maison de ville [de Paris] un homme qui veille pour observer si le feu ne prend point à quelque maison. Et dez qu'il aperçoit que le feu est quelque part, il sonne le toc-sin et en l'interrompant quelques momens il recommence à sonner et par une certaine quantité de coups de marteau, il marque le quartier où est le feu. Quand les officiers de la maison de ville prestent cet office funeste au Propriétaire, mais utile pour la République, la maison quoique ruinée par ce secours est chargée de vingt-cinq livres de rente perpétuelle envers l'Hostel de ville, si tost qu'elle est rétablie.

v. 116. *Ce n'est qu'à prix d'argent qu'on dort en cette Ville,*

Ce vers est imité de Juvénal. Sat. 3, vers 235 : Magnis opibus dormitur in Urbe, mais, à mon sens, la copie passe l'original, et j'aime mieux « ce n'est qu'à prix d'argent » que « magnis opibus ».

---

(1) Cette note de Boileau remet les choses au point, mais les détails donnés par Le Verrier ne sont pas moins à retenir.

# SATIRE VII

Cette satire, dans l'ordre de la composition, est la quatrième que l'auteur ait composée. Elle est toute entière dans l'air d'Horace. L'abbé D'Aubignac l'approuvoit fort. Furetière [1] l'aiant entendu lire dit, voilà
*ouvrages*
de ces [choses] que l'on fait heureusement une fois en sa vie, mais on n'y revient plus.

Ce fut à l'occasion de cette satire [et pour l'entendre réciter à l'autheur]
*homme*
que Du Tot [homme d'esprit et] commis de Mʳ de Guénégaud [mena
*de beaucoup d'esprit mais fort débauché mena l'autheur chés Chappelle. Ils*
l'autheur au cabaret. Ce fut aussy à cette occasion que Du Tot luy fit
*allèrent en suitte au cabaret A la Croix-blanche où Mʳ Duranché alors capitaine*
faire connoissance avec Chapelle qu'il n'avoit point encore veu et qui
*aux gardes et frère du Broussin les vint aussitost trouver, disant avec sa magni-*
estoit de ce repas. Du Ranché les suivit à la piste. Il alla les trouver et,
*ficence ordinaire en entrant à la Maîtresse de la Croix-blanche : Au moins,*
en entrant il dit : Messieurs c'est moy qui paie. On lut plusieurs fois la
*Madame, il n'y a plus que moi qui paye. On lut plusieurs fois la satire et de*
satire et elle fut trouvée belle. On but beaucoup et le vin fut trouvé bon.]
*plus elle fut fort applaudie bien que les Débauchés de la Croix-Blanche fussent*
*gens assez chiches de louange.*

Petit-Val officier de la Chambre des Comptes estoit aussy de cette
*et qui paroissoit fort doux, mais qui avec*
partie. C'estoit un homme d'esprit [qui parloit d'un ton radouci comme
*un ton radouci sçavoit le mieux dire à ceux à qui il parloit les choses qui pou-*
une jeune fille. Mais Chapelle disoit de lui qu'avec toute sa douceur
*voient le plus leur déplaire comme Chappelle sçavoit bien le lui reprocher.* [2]
apparente, et pourtant sans avoir dessein d'estre ny malin ny désobligeant, la Nature luy fournissoit tout ce qui pouvoit déplaire, et tous les termes qui pouvoient choquer celuy à qui il parloit.]

---

(1) Le Verrier avait d'abord écrit : Molière, d'après sa propre note au crayon.
(2) Toute cette note de Boileau sur la satire VII est inédite, elle nous donne de curieux détails sur les relations du poète avec Chapelle et Du Tot.

La première satire du Liv. 2 d'Horace a fait naistre celle-cy.

> *Et Tel en vous lisant, admire chaque trait,*
> v. 20.  *Qui dans le fond de l'âme, et vous craint et vous hait.*

Horace. Sat. 1^re, Liv. 2, v. 23.
Quum sibi quisque timet, quamquam est intactus, et odit ! [1]

> *J'ay beau frotter mon front, j'ai beau mordre mes doigts,*
> *Je ne puis arracher du creux de ma cervelle,*
> v. 30.  *Que des vers plus forcez que ceux de la Pucelle :*

L'abbé de Châteauneuf dont le mérite est connu de tous ceux qui le fréquentent demanda il y a quelque temps à l'autheur s'il avoit leu [tout] tout entier. *Si je l'avois lû, répliqua-t-il brusquement, il faudroit* le poème de la Pucelle. [Le feu de l'indignation parut aussytost sur le *me monstrer à la foire et mettre sur la porte du lieu où l'on me verroit Céans* visage de l'autheur, ses yeux étincelèrent de colère et il dit, si j'ay leu *on montre un homme qui a lû toute la Pucelle.* [2] tout le poème de la Pucelle, il n'y a qu'à m'exposer à la Foire et me faire voir comme le monstre qui a leu la Pucelle toute entière.]

*les sujets de plainte que Chapelain avoit contre l'auteur*
Malgré [le mal que l'autheur disoit des vers de Chapelain, ou plutost
*on dit qu'un jour*
malgré la justice qu'il rendoit à ses ouvrages,] Chapelain lisant cette
*un de ses Amis, il ne pût s'empescher de s'escrier*
satire avec [l'abbé de Bourzey, et pressé par l'effet que les beautez dont elle est remplie produisoient sur luy, il s'escria], il faut avoüer que ce coquin-là fait de beaux vers. [3]

> *Faut-il peindre un fripon fameux dans cette Ville?*
> v. 38.  *Ma main, sans que j'y rêve, écrira Raumaville.*

Ce Raumaville est Saumaville, libraire qui tenoit la boutique
*aujourd'hui*
qu'occupe là Barbin sur les degrez de la Sainte-Chapelle. [4]

---

(1) Ce rapprochement avec Horace n'est signalé ni par Brossette ni par Saint-Marc, il est dans Berriat-Saint-Prix.

(2) Boileau étale ici toute sa haine contre Chapelain.

(3) En rappelant ce trait tout à l'honneur de l'auteur de la Pucelle, Boileau ne montre aucune équité à l'égard de ce dernier, car il ne cherche pas à atténuer tout ce que la première partie de sa note a d'excessif.

(4) Les trois commentateurs de Boileau n'ont pas fait remarquer que ce Raumaville ou Saumaville n'était autre que le libraire Antoine de Sommaville, né en 1599, mort en 1665. Il fut libraire le 14 août 1620, adjoint au syndic le 23 mai 1651. (Voir sur Sommaville, Jal : Dictionnaire critique de biographie et d'histoire, 2^e éd. 1872.)

*Satire VII.*               *Faut-il d'un sot parfait montrer l'original?*
              v. 40.   *Ma plume au bout du vers d'abord trouve Sofal.*

[Sofal, c'est Sauvalle, petit esprit et fort ignorant. Il avoit composé un livre des Antiquitez de Paris. A force d'importunitez, il entroit chez Mézeray, chez Patru, chez d'Ablancour et plusieurs autres. Un jour, lisant à Giry quelque morceau de son livre qui estoit escrit d'un style fort plat et fort bas, Giry dit, il faudroit un peu relever vostre stile. Ce conseil porta Sauvalle à changer toute sa manière d'escrire. Voicy une période de sa nouvelle façon. Par là on pourra juger du reste du livre. Il raconte icy, comme dans des temps moins esclairez que celuy-cy, on assignoit une ruë aux Courtisannes pour y demeurer, et comme on les fit sortir de la ruë Chapon pour les faire aller dans la ruë Brise-miche. Deux noms fort propres l'un et l'autre à soutenir le stile d'un autheur. Voicy de quelle manière Sauvalle les avoit mis en œuvre :

« Ces sales Impudiques et ces infâmes Débauchées allèrent chercher un azile dans la ruë Brise-miche, et de là, elles contemploient comme en seureté les tempestes et les orages qui continuellement s'élevoient dans la ruë Chapon. » ] [1]

v. 55.   *Le Mérite pourtant m'est toûjours précieux :*

Horace. Sat. 1, Liv. 2, v. 70.
       Scilicet uni æquus virtuti, atque ejus amicis. [2]

       *C'est par là que je vaux, si je vaux quelque chose.*
v. 63.   *Ainsi, soit que bien-tost, par une dure loi,*
       *La Mort d'un vol affreux vienne fondre sur moi;*
       *Soit que le Ciel me garde un cours long et tranquille,*
       *A Rome ou dans Paris, aux champs ou dans la ville,*
       *Deust ma Muse par là choquer tout l'Univers,*
       *Riche, gueux, triste ou gay, je veux faire des vers.*

V. 63. Horace. Sat. 1, Liv. 2, v. 57.
       .   .   .   .   .   . Seu me tranquilla senectus
Expectat, seu mors atris circumvolat alis :
Dives, inops, Romæ, seu fors ita jusserit, exsul,
Quisquis erit vitæ, scribam, color.

---

(1) La note de Le Verrier complète, sur quelques points, les détails plus étendus donnés sur Sauval par Brossette.
(2) Ce rapprochement avec Horace n'est pas signalé par les trois commentateurs de Boileau.

*Pauvre Esprit, dira-t-on, que je plains ta folie!*
*Modère ces boüillons de ta mélancolie,*

v. 71.  *Et garde qu'un de ceux que tu penses blâmer,*
*N'éteigne dans ton sang cette ardeur de rimer.*
*Hé quoi? lors qu'autrefois Horace après Lucile,*
*Exhaloit en bons mots les vapeurs de sa bile,*
*Et vangeant la vertu par des traits éclatans,*
*Alloit oster le masque aux vices de son temps :*
*Ou bien quand Juvénal de sa mordante plume,*
*Faisant couler les flots de fiel et d'amertume,*
*Gourmandoit en couroux tout le peuple Latin,*
*L'un ou l'autre fit-il une tragique fin?*

. . . . . . . . . O puer ut sis

V. 71. Vitalis metuo, et majorum ne quis amicus
Frigore te feriat, quid cum est Lucilius ausus
Primus in hunc operis componere carmina morem ?
Detrahere et pellem, nitidus qua quisque per ora
Cederet, introrsum turpis? Num Lœlius, aut qui
Duxit ab oppressa meritum Carthagine nomen,
Ingenio offensi, aut lœso doluere Metello,
Famosisque Lupo cooperto versibus? At qui
Primores populi arripuit, populumque tributim,
Scilicet uni œquus virtuti atque ejus amicis.

v. 83.  *On ne voit point mes vers, à l'envi de Montreüil,*
*Grossir impunément les feüillets d'un recueil.*

*Je n'ay point*
*oü dire cela de*
*Montreuil et je ne*
*sache point de vers*
*qu'il ayt raccom-*
*modés. Tout ce que*
*je sçay c'est que les*
*recueils estoient*
*pleins de ses vers*[2].
*Je ne sache point*
*que Montreuil ait*
*connu Le Pays et il*
*ne m'a jamais es-*
*crit de lettre. Ainsi*
*il faut raccommo-*
*der tout cela.*

[Montreüil disoit de luy qu'il estoit un des meilleurs savetiers [1] de vers qu'il y eust au monde. Il passoit une partie de son temps à raccommoder les vers des autres poëtes. Cela n'empêchoit pas qu'il n'en fit beaucoup de luy-même et tous les Recüeils en estoient pleins.]

[Il ne se fâcha point de ce que l'autheur dit icy de luy. Il empêcha même que son ami Le Païs ne se fachast du coup que la même main luy porta et ces deux autheurs, fort médiocres l'un et l'autre, ne laissèrent pas d'escrire chacun une lettre fort jolie pour prier l'autheur de les laisser en repos dans le fond d'une Province (le Dauphiné) où les Belles, prévenuës

---

(1) Le Verrier avait d'abord écrit « rhabilleurs ».
(2) Pour les pièces de Montreuil insérées dans les recueils de poésies publiés au XVIIᵉ siècle, voir notre Bibliographie de ces recueils collectifs, T. II, page 391. La première édition des Poésies de Montreuil réunies en un volume, n'est pas de 1671, comme le dit Brossette, mais de 1665.

*Satire VII.* qu'ils ont de l'esprit, les préféroient souvent, tout vieux qu'ils estoient, à beaucoup de jeunes gens.]

> *À peine quelquefois je me force à les lire,*
> *Pour plaire à quelque Ami que charme la satire*
> *Qui me flatte peut-estre, et d'un air imposteur,*
> v. 88.  *Rit tout haut de l'ouvrage, et tout bas de l'Auteur.*

*L'auteur veut ici désigner Furetière en qui il avoit remarqué celte maligne*
[C'est de Furetière dont on parle icy. Quand l'autheur leut cette pièce
*manière de l'entendre réciter ses ouvrages et Furetière en effect vid bien que*
Furetière se reconnut à ce portrait et il en fut mortifié].
*c'estoit de lui qu'il avoit voulu parler, mais cela ne fit que le resjouir.* [1]

---

[1] Boileau nous apprend que Furetière s'était reconnu dans ces vers, mais il ajoute, ce dont ne parle pas Brossette, « que cela ne fit que le resjouir ».

# SATIRE VIII

L'autheur avoit 27 ans quand il composa cette satire. Elle fut faite après celle « A son esprit ».

*Il ne l'a adressée à personne, mais il a mis malignement à M^r M\*\* à cause*
[Quoiqu'elle soit seulement adressée à M^rM., la vérité est que par cette
*du*
M. il a entendu parler du] Docteur Morel, qu'on appelloit en Sorbonne
*parce que son menton avoit en effect quelque rapport à une*
Machoire d'Asne.
*machoire d'asne.*

C'estoit un fameux antijanséniste, et il a escrit sur les matières du
*très inconnus. M^rs de Port-Royal avoient mis je*
jansénisme plusieurs livres [dont on ne connoist pas même les titres. Un
*ne sçay par quel hazard dans un de leurs livres en parlant de luy le Docte Morel,*
janséniste ayant fait imprimer une réponse à quelqu'un de ses livres, et
*mais on mit à la fin du Livre un Errata où il y avoit Le Docte Morel, faute. Lire*
par mégarde l'imprimeur ayant mis en quelque endroit le docte Morel,
*le Docteur Morel.* (1)
celuy qui avoit composé cette réponse mit à la fin de son livre un errata dans lequel il avertit qu'il falloit lire le Docteur Morel au lieu du Docte Morel.]

[Dans la satire « A son esprit » l'autheur entre dans un fort grand
*lle remarque* détail contre luy-même. Dans celle-cy il s'est plus renfermé en ce qui
*e paroist pas* convient à l'homme particulier. Aussy cette satire est-elle plus serrée
*e et il la faut* que l'autre.]
*Il y a beaucoup de choses dans cette satire dites à*
[Elle est tout à fait dans] l'air de Perse.

Voicy le jugement que l'autheur fait des trois Poëtes satyriques
*latins*
[de l'ancienne Rome.]

---

(1) Cette note de Boileau ajoute quelques détails à celle de Brossette, par exemple, l'erreur d'impression volontaire qui a consisté à mettre « docte Morel » pour « docteur Morel ». Le poète ne rectifie pas Le Verrier quand il lui donne 27 ans lors de la composition de cette satire, soit 1664, mais Brossette la place à l'année 1667.

*Satire VIII.*                                    *rit*                    *et qui*

Horace est un galant homme qui [badine] toujours.
*dégouste du vice en le tournant en ridicule.*

               *déclamateur étincelant d'esprit qui combat le vice à*

Juvénal est un [bel esprit, mais qui crie toujours].
*force ouverte et qui crie sans cesse après lui.*

*Perse est un Philosophe chagrin mais plein de sens qui chastie le vice avec la férule.*

[Perse est un fort honneste homme, mais chagrin et qui blasme toujours.]

                                   *dans*                    *pris*

    J'ay souvent oüy dire à l'autheur que [de] tout ce qu'il avoit [imité]
de ces trois Poëtes, rien ne luy avoit plus réussi que ce qu'il avoit
*imité*
[emprunté] de Perse. [1]

      v. 19.  *Qu'est-ce que la Sagesse? Une égalité d'âme,*
                *Que rien ne peut troubler, qu'aucun désir n'enflâme;*

*Il ne s'agit point*
*à d'espérance.*    [Excellente définition de la Sagesse et entièrement fondée sur l'opinion
des stoïciens qui enseignoient que tout homme qui espère, est esclave.]

           *Qui marche en ses conseils à pas plus mesurez,*
      v. 22.  *Qu'un Doyen au Palais ne monte les degrez.*

    De ses fenestres l'autheur voioit tous les jours le Doyen monter les
degrez du Palais. [2]

      v. 25.  *La fourmi tous les ans traversant les guérets,*
       26.  *Grossit ses magasins des trésors de Cérès;*

    *Imitation*
    [Parodie] d'Horace. Sat. 1re, v. 33.
    Parvula, nam exemplo est, magni formica laboris, etc.

      v. 27.  *Et dès que l'Aquilon ramenant la froidure,*
       28.  *Vient de ses noirs frimats attrister la nature,*

    Quæ, simul inversum contristat Aquarius annum.

      v. 29.  *Cet animal tapi dans son obscurité*
              *Joüit l'hyver des biens conquis durant l'esté:*

---

(1) Boileau condense ici en quelques lignes son opinion sur ses imitations des poëtes latins en précisant que celles de Perse lui ont le mieux réussi.

(2) Cette particularité, insignifiante d'ailleurs, n'est pas dans le commentaire de Brossette.

*Satire VIII.*

*mais l'énergie ici le rend noble, car les mots bas peuvent*

Ce mot est bas [dans son origine mais comme icy il est énergique, *quelquefois devenir sublimes par cette charge comme Longin le faict voir dans* il devient fort beau et fort noble. Longin a fait un chapitre où il traite de *le 25ᵉ Chapitre de son Traité du Sublime.* (1)

l'usage des mots communs pour les rendre nobles.] [C'est le chapitre

*et cela ne s'en-* 25ᵉ de l'excellente traduction que l'autheur nous a donnée du Traité du
*pas bien et il* Sublime. Dans ce chapitre en traduisant un endroit d'Hérodote qui s'est
*le refaire.* servi d'un mot très bas κατακρεουργέω pour ἀποσφάγνω rescindo l'autheur
emploie le terme de déchiqueté pour marquer la fureur de Cléomène qui
se tua en se coupant luy-mếme par petits morceaux.]

v. 35.   *Mais l'Homme sans arrest, dans sa course insensée,*
          *Voltige incessamment de⁺pensée en pensée,*
          *Son cœur toûjours flottant entre mille embarras,*
          *Ne sçait ni ce qu'il veut, ni ce qu'il ne veut pas.*
          *Ce qu'un jour il abhorre, en l'autre il le souhaite.*

L'autheur a icy en veuë un passage d'Horace. Ep. 1ᵉ, Liv. 1, v. 97.

          .....Quid mea cum pugnat sententia secum ?
          Quod petiit, spernit : repetit, quod nuper omisit ?
          Æstuat, et vitæ disconvenit ordine toto ?
          Diruit, œdificat, mutat quadrata rotundis ?

          *Moi? j'irois épouser une Femme coquette?*
          *J'irois par ma constance aux affronts endurci,*
v. 42.   *Me mettre au rang des saints qu'a célébrez Bussi?*

*ne voy pas* [Le Comte de Bussy-Rabutin a composé un livre qui est traduit
*uoy vous par-* presqu'en toutes sortes de langues, et répandu dans toute l'Europe. C'est
*tee cette amer-* l'Histoire amoureuse des Gaules. Ce livre est rempli de faussetez, imité
*du Comte de* presqu'entièrement de Pétrone, et regardé de tous les honnestes gens
*y et surtout de* comme un ouvrage né dans la fureur de médire à quelque prix que ce
*histoire des* soit. Il presta son manuscrit à Mad. De la Baume qui le fit copier. Le
*es qui à la* Roy, et, bientost après toute la cour en eurent connoissance. Quelques-
*le près est un* uns de ceux qui joüent quelque rolle dans ce Roman cherchèrent l'occa-
*très beau et* sion d'ataquer Bussy. Il témoigna de l'audace et de la fermeté. Mais
*estimé.* la prudence du Roy le porta à faire mettre ce Comte à la Bastille. Ainsy·
*la ne faict de*
*à ma Satire* (2).

----

(1) Cette remarque n'est ni dans Brossette, ni dans Saint-Marc, ni dans Berriat-Saint-Prix.
(2) L'appréciation du vertueux Boileau sur l'Histoire amoureuse des Gaules est à retenir; il est avec le Ciel des accommodements. Le Verrier faisait fausse route en attaquant la mémoire de ce grand Seigneur dont le poète d'ailleurs n'avait jamais eu à se plaindre, bien au contraire.

*Satire VIII.* il évita la fureur des Personnes qu'il avoit si cruellement offensées. M^r de Vardes m'a dit qu'il l'avoit fort connu, que c'estoit un homme qui avoit beaucoup d'esprit, qui parloit peu, qui ne sçavoit rien, qui estoit né malin, méchant officier quoi qu'il se crust capable de commander une Armée, mais fort brave malgré tout ce que ses Ennemis en ont publié.]

> *Assez de Sots sans moi feront parler la ville,*
> *Disoit le mois passé, ce Marquis indocile,*
> *Qui depuis quinze jours dans le piège arresté,*
> *Entre les bons Maris pour exemple cité,*
> v. 47.  *Croit que Dieu, tout exprès, d'une coste nouvelle,*
> *A tiré pour luy seul une Femme fidelle.*

*Tirer d'une coste nouvelle est une expression fort nouvelle et fort heureuse* [D'une coste nouvelle, cette expression n'a jamais esté écrite que par *aussi bien que plus riche d'une coste que l'Auteur a mis dans sa dixième Satire.* l'autheur. Il l'a répétée dans la Satire des femmes.]

> v. 49.  *Voilà l'Homme en effet. Il va du blanc au noir.*
> *Il condamne au matin ses sentimens du soir.*

Il va du blanc au noir. Cette expression est toute françoise, et marque parfaitement l'homme qui change à tout vent.

Horace. Ep. 1, v. 82.

Iidem eadem possunt horam durare probantes? [1]

> *Il tourne au moindre vent, il tombe au moindre choc,*
> v. 54.  *Aujourd'hui dans un casque, et demain dans un froc.*

Ce vers prouve combien l'autheur en cette occasion a enchéri sur la pensée d'Horace, et il montre par ce trait de quelle manière on doit se rendre propres les pensées des anciens lorsqu'on veut les imiter.

> *Le sommeil sur ses yeux commence à s'épancher.*
> *Debout, dit l'Avarice, il est temps de marcher.*
> v. 71  *Hé laissez-moi. Debout. Un moment. Tu répliques?*

jusqu'au vers 74 inclus.

*dont en ostant les dit-il et les*

Quelle vivacité il y a dans ce dialogue. [En ostant les dit-il et les *dit-elle, l'Auteur faict comme une espèce de Comédie* dit-elle si communs parmy nos meilleurs Escrivains], quel feu l'autheur

---

(1) Ce rapprochement avec Horace n'est pas relevé par les trois commentateurs de Boileau.

*Satire VIII.* ne jette-t-il pas dans ce combat qui se passe entre l'avare et l'avarice. C'est une de ces imitations de Perse qu'il dit qui luy ont si bien réussi. Sat. 5, v. 132.

> Mane Piger stertis? Surge, inquit, avaritia, eia
> Surge, Negas, instat : Surge, inquit. Non queo. Surge
> En, quid agam? Rogitas? En, saperdam advehe Ponto,
> Castoreum, Stupas, ebenum, thus, lubrica Coa ;
> Tolle recens primus piper e sitiente camelo.

> v. 75. *Chercher jusqu'au Japon la porcelaine et l'ambre,*
> *Rapporter de Goa le poivre et le gingembre.*

La Porcelaine est devenuë si fort à la mode, que la belle couste des sommes immenses. Quand on songe qu'une seule pièce, un seul morceau de terre, se vend trois et quatre cens pistoles, que penser de la folie des hommes [1].

> v. 77. *Mais j'ai des biens en foule, et je m'en puis passer.*
> *On n'en peut trop avoir, et pour en amasser,*

Horace. Sat. 3, Liv. 2.

> . . . . . . . . . . . Quare,
> Si quiduis satis est, perjuras surripis, aufers
> Undique. . . . . . . . . . [2].

> v. 81. *Eust-on plus de trésors que n'en perdit Galet,*
> *N'avoir en sa maison ni meubles ni valet :*

Galet estoit un fameux joüeur qui a esté fort célébré par Regnier. Sat. 14 :

> Gallet a sa raison ; et qui croira son dire,
> Le hazard pour le moins luy promet un Empire,
> Toutefois au contraire estant léger et net,
> N'ayant que l'espérance et trois dez au cornet,
> Comme sur un bon fond de rente et de receptes,
> Dessus sept ou quatorze, il assigne ses dettes.

> v. 85. *Et pourquoi cette épargne enfin? L'ignores-tu?*
> *Afin qu'un Héritier bien nouri, bien vêtu,*
> *Profitant d'un trésor en tes mains inutile,*
> *De son train quelque jour embarrasse la ville.*

---

(1) Ce passage n'a pas été commenté par Brossette.
(2) Cette imitation d'Horace n'est pas citée par les trois commentateurs de Boileau.

*Satire VIII.*     C'est du Lieutenant criminel Tardieu que l'on parle icy...
Horace. Sat. 3, L. 2, v. 122.

> Filius aut etiam hoec libertus ut ebibat heres,
> Dis inimice senex custodis, ne tibi desit ? [1]

> *Tout-beau, dira quelqu'un, raillez plus à propos;*
> *Ce vice fut toûjours la vertu des Héros.*
> v. 99.  *Quoi donc? à vostre avis, fut-ce un fou qu'Alexandre?*

Dans l'Alexandre de Racine, act. 2, scène 2, Porus dit à Ephestion
en parlant d'Alexandre :

> Quelle étrange valeur qui ne cherchant qu'à nuire
> Embraze tout, si tost qu'elle commence à luire,
> Qui n'a que son orgueil pour règle et pour raison,
> Qui veut que l'Univers ne soit qu'une Prison,
> Et que maistre absolu de tous tant que nous sommes
> Ses esclaves en nombre esgalent tous les hommes.

*Voilà presque la mesme pensée qu'ont énoncée deux Auteurs, l'un en stile*
[Il n'y a qu'à faire la comparaison de ces deux portraits, pour donner
*comique, et l'autre en stile héroïque. C'est au lecteur à voir à laquelle il donnera*
le prix à celuy de la Satyre. Un petit gentileastre en fut choqué et fut sur
*le prix. M. Despréaux trouva autrefois un petit Gentillastre qui lui témoigna estre*
le point d'en faire une querelle à l'autheur. Mais celuy-ci l'apaisa en lui
*choqué de cet endroit qui en la personne d'Alexandre attaquoit disoit-il tous les*
disant : Si ce portrait qui vous choque est insuportable, M[r] le Prince
*braves gens. A quoy, Mr Despréaux respondit Il est vrai que M[r] le Prince devroit*
s'en accommode.]
*estre choqué de cet endroit, mais le mal est que c'est l'endroit de la Satire qui*
*lui a plû davantage* [2].

*Tout cela n'est* [A propos d'Alexandre, je ne puis m'empêcher de raconter une chose
*point véritable,* qui arriva à l'autheur. Lorsque le Roy alla assiéger Gand, M[r] le Duc à
*c'est par ordre du* présent M[r] le Prince l'emmena à Chantilly sans l'avertir de son dessein.
*Roy que j'allai à* De là il l'emmena au siège de cette place contre son attente. Chemin
*Gand. Il faut que* faisant, M[r] le Duc tesmoigna qu'il croyoit que de tous les hommes qui
*je vous raconte toute* avoient paru sur la terre, Alexandre estoit celuy qui avoit laissé le plus
*la chose, car il n'y* grand nom. L'autheur n'abandonna pas le parti de Socrate, et assura qu'il
*a presque rien de* connoissoit un bourgeois d'Athènes dont le nom estoit aussy grand et
*vrai dans toute cette* aussy connu que celuy d'Alexandre.] Tout à coup M[r] le Duc qui est tout
*narration. Il faut*
*refaire tout cela.*

---

(1) Imitation d'Horace non signalée par Brossette, Saint-Marc et Berriat-Saint-Prix.
(2) Toute cette remarque est entièrement nouvelle sauf l'anecdote qui la complète et que l'on
retrouve dans le Ms. Brossette 15275, p. 512 de l'éd. Laverdet.

*Satire VIII.* brillant d'esprit lâche la bride à son cheval et va joindre un laboureur qui travailloit son champ avec autant de tranquillité que s'il n'y avoit point eu de guerre. M^r le Duc luy dit : Mon amy, connois-tu Alexandre, Oüy, Monseigneur, c'estoit un grand capitaine. Et Socrate, le connois-tu, Non, Monseigneur, Hé bien, dit M^r le Duc, ay-je raison. Monseigneur, repartit brusquement l'autheur à qui les réparties n'ont jamais manqué, j'en appelle à un autre laboureur.

*Cette fin est un mieux que le le, mais il la ui pourtant rac-mmoder et il faut ur cela du tra-il.*

v. 100. *Qui? cet écervelé qui mit l'Asie en cendre?*

Lucain en parlant du tombeau d'Alexandre, Liv. 10, v. 20, dit :
Illic Pellaei proles vesana Philippi
Felix prœdo jacet...........(1).

*Heureux! si de son temps pour cent bonnes raisons*
*La Macédoine eust eu des Petites-Maisons,*
*Et qu'un sage Tuteur l'eust en cette demeure,*
*Par avis de Parens enfermé de bonne heure.*
*Mais sans nous égarer dans ces digressions;*
v. 114. *Traiter, comme Senaut, toutes les passions;*
*Et les distribuant par classes et par titres,*
*Dogmatizer en vers, et rimer par chapitres.*

Le P. Senault, général de l'Oratoire, fameux Prédicateur de la reine Anne d'Autriche; La Chambre et Coëffeteau ont fait tous trois chacun un traité des Passions.

v. 119. *Lui seul vivant, dit-on, dans l'enceinte des villes*
*Fait voir d'honnestes mœurs, des coûtumes civiles,*
*Se fait des Gouverneurs, des Magistrats, des Rois,*
*Observe une police, obéit à des lois.*

J'ay oüy dire à l'autheur que ces quatre vers, tout simples qu'ils sont, luy ont cependant beaucoup cousté. [Il n'est pas question en ces sortes d'occasions, de donner l'essor à son génie ny d'aller au gré de la fureur poétique. Il faut simplement narrer et raisonner. C'est ce qui couste.]

v. 125. *Voit-on les Loups brigans, comme nous inhumains,*
*Pour détrousser les Loups, courir les grands chemins?*
*Jamais pour s'agrandir, vit-on, dans sa manie*
*Un Tigre en factions partager l'Hyrcanie?*

---

(1) Cette citation de Lucain ne paraît pas dans le commentaire de Brossette.

Imitation de Juvénal. Sat. 15, v. 159.

> Sed jam serpentum major concordia parcit
> Cognatis maculis similis fera. Quando Leoni
> Fortior eripuit vitam leo? Quo nemore unquam
> Expiravit aper majoris dentibus apri?
> Indica tigris agit rabida cum tigride pacem
> Perpetuam. Saevis inter se convenit ursis.

v. 129.   *L'Ours a-t-il dans les bois la guerre avec les Ours?*
          *Le Vautour dans les airs fond-il sur les Vautours?*

L'ours fait-il dans les bois la guerre avec les ours. Au lieu de fait-il qui estoit dans les premières éditions, l'autheur a mis, l'ours a-t-il, etc. Il n'y a que cette dernière expression pour oster l'équivoque qui estoit renfermée dans le mot fait-il. Car il sembloit que l'autheur vouloit dire que l'ours avec les ours faisoit la guerre contre d'autres animaux. Et par le mot a-t-il, on entend clairement que l'ours n'a point la guerre avec d'autres ours?

M. de Brienne, dans son recüeil de poésie qu'il a donné sous le nom de La Fontaine a changé ce vers de cette sorte :

    L'ours enfin dans les bois fait-il la guerre aux ours.

Que ce tour et que cette expression sont différens de l'original dont ils ostent le feu et le brillant. Et même cet « enfin » qui est une cheville ne jette-t-il pas dans ce vers une langueur insuportable à tout homme qui a quelque goust pour la poésie.

v. 140.   *Ne fait point appeller un Aigle à la huitaine.*

Ce vers tout entier est dans les termes du Palais. On dit appeller à la huitaine, pour dire, donner ou faire donner assignation à la huitaine [1].

>     *Jamais la Biche en rut, n'a pour fait d'impuissance,*
>     *Trainé du fond des bois un Cerf à l'Audiance,*
> v. 145.  *Et jamais Juge, entr'eux ordonnant le congrès,*
>     *De ce burlesqu mot n'a sali ses arrests.*

*Il faut s'enquérir de M<sup>r</sup> Dongois de ce que c'estoit que l'affaire de M<sup>r</sup> Langeais qui donna occasion au plaidoyé de M<sup>r</sup> de La Moignon, car sa première femme estoit morte et il s'agissoit des enfants procréés de son second mariage [2].*

Ce vers a fait abolir ce honteux usage qui avoit esté introduit au Palais sur cette matière. M<sup>r</sup> de Lamoignon, avocat général au Parlement, portant la parole dans l'affaire de M. De Langeais [dont la femme cherchoit l'occasion de rompre son mariage], mit si bien dans son jour le ridi
*le suspendit*
cule de cet usage, que le Parlement [l'abolit] par un arrest fort célèbre .
*et il est présentement comme aboli.*

[1] Cette petite note n'est pas dans le commentaire de Brossette.
[2] La note de Brossette ne parle pas de M. de Langeais ou Langey. Voir Tallemant.

*Satire VIII.*

> *On ne connoist chez eux ni placets, ni Requestes.*
>
> v. 148.   *Ni haut, ni bas Conseil, ni Chambre des Enquestes.*

On dit le Conseil d'en haut, pour dire le Conseil où le Roy est présent. Les Chambres des Enquestes sont les Chambres qui composent une partie du Parlement [1].

> v. 151.   *L'Homme seul, l'Homme seul, en sa fureur extrême,*
> *Met un brutal honneur à s'égorger soi-même.*
> *C'estoit peu que sa main conduite par l'enfer,*
> *Eust paistri le salpestre, eust aiguisé le fer,*

Autre imitation de Juvénal. Sat. 15e, v. 165.

> Ast homini ferrum lethale incude nefanda
> Produxisse parum est, cum rastra, et sarcula tantum
> Assueti coquere, et marris ac vomere lassi
> Nescierint primi gladios excudere fabri.
> Adspicimus populos, quorum non sufficit irae
> Occidisse aliquem : sed pectora, brachia, vultum
> Crediderint genus esse cibi.  .  .  .  .  .  .  .

> *Les Animaux ont-ils des Universitez?*
> v. 170.   *Voit-on fleurir chez eux des quatre Facultez?*

Il y a en France plusieurs Universitez dont chacune est composée des quatre Facultez, celle de Théologie, celle de Droit, celle de Philosophie, celle de Médecine. Les Docteurs en droit et en médecine portent dans les écoles et dans les assemblées de cérémonie une robe d'escarlate fourée d'hermine [2].

> *Veux-tu voir tous les Grands à ta porte courir?*
> *Dit un Père à son Fils dont le poil va fleurir.*
> v. 183.   *Pren-moi le bon parti. Laisse-là tous les livres.*
> *Cent francs au denier cinq combien font-ils? Vingt livres.*

Horace a dit à peu près la même chose. Art P., v. 325.

> Romani pueri longis rationibus assem
> Discunt in partes centum diducere : Dicat
> Filius Albini, si de quincunce remota est
> Uncia, quid superat? poteras dixisse, Triens, Heus!

---

(1) Brossette n'a pas jugé à propos de descendre à ces petits détails.
(2) Brossette a négligé avec raison d'expliquer ce que tout le monde savait.

> Rem poteris servare tuam. Redit uncia : Quid fit?
> Semis.  .  .  .  .  .  .  .  .  .  .  .

> *Exerce-toi, mon Fils, dans ces hautes sciences,*
>
> v. 188.  *Prens au lieu d'un Platon le Guidon des Finances,*

Le Guidon des Finances est un livre qui traite du domaine du Roy et des finances.

> *Sçache quelle province enrichit les Traitans :*
>
> v. 190.  *Combien le sel au Roi peut fournir tous les ans.*

En France le Roy est seul maistre des Salines, et fait distribuer le sel à tous ses sujets, en quelques Provinces par vente volontaire, en d'autres par impost.

> *Ne va point sottement faire le généreux.*
>
> *Engraisse-toi, mon Fils, du suc des malheureux,*
>
> v. 195.  *Et trompant de Colbert la prudence importune,*
>
> *Va par tes cruautez mériter la fortune.*

Ce vers plut beaucoup à ce Ministre quand l'autheur luy récita cette satire [1].

> v. 203.  *Quiconque est riche est tout. Sans sagesse il est sage.*
>
> *Il a sans rien sçavoir la science en partage.*
>
> *Il a l'esprit, le cœur, le mérite, le rang,*
>
> *La vertu, la valeur, la dignité, le sang.*
>
> *Il est aimé des Grands, il est chéri des Belles.*

Horace. Epist. 1<sup>e</sup>, Liv. 1, v. 36.

> Scilicet uxorem cum dote, fidemque et amicos,
> Et genus, et formam regina Pecunia donat;
> Ac bene nummatum decorat Suadela, Venusque.

et Sat. 3, Liv.

> .  .  .  .  .  .  .  omnis enim res,
> Virtus, fama, decus, divina humanaque pulcris
> Divitiis parent; quas qui construxerit, ille
> Clarus erit, fortis, justus, sapiens etiam et Rex
> Et quidquid volet... [2]

---

(1) L'appréciation de Colbert sur ce vers est donnée ici pour la première fois.
(2) Cette citation des Satires d'Horace n'est mentionnée que par Berriat-Saint-Prix.

*Satire VIII.*        v. 208.  *Jamais Sur-intendant ne trouva de Cruelles.*

    *que l'auteur veut désigner*              *qu'en saisissant*
C'est [de] Mʳ Fouquet [dont on parle] icy parce [qu'on a dit que
*ses papiers on trouva dans sa cassette plusieurs lettres de Dames de conséquence*
plusieurs Dames ne luy avoient pas esté cruelles.]
*qui paroissoient ne lui avoir pas esté cruelles* [1].

        v. 209.  *L'or mesme à la laideur donne un teint de beauté :*

Pélisson estoit commis de Mʳ Fouquet et d'une si prodigieuse laideur,
que nommer la laideur ou nommer Pélisson, c'estoit la même chose.

        v. 210.  *Mais tout devient affreux avec la pauvreté.*

Horace. Od. 24, Liv. 3, v. 42.
        Magnum pauperies opprobrium...
et Juvénal. Sat. 3, v. 152.
        Nil habet infelix paupertas durius in se,
        Quam quod ridiculos homines facit... [2]

        *Et souvent tel y vient qui sçait pour tout secret,*
    v. 214.  *Cinq et quatre font neuf, ostez deux, reste sept.*

    *L'auteur entend par là*
[Tout le monde sçait que] l'addition et la soustraction [sont] deux
            *qui estant si heureusement mises en vers font un fort*
règles d'arithmétique. [Mais de mettre en vers des choses si communes,
*grand agrément* [3].
et de les mettre avec grâces, c'est ce que bien des Poëtes ont ignoré de
tout temps.]

        v. 229.  *Laisse-là saint Thomas s'accorder avec Scot :*
             *Et conclus avec moi, qu'un Docteur n'est qu'un sot.*

St Thomas et Scot sont les deux maistres de la Théologie scolastique,
et presque toujours oposez dans tous leurs sentimens.
    *S. Thomas estoit un Jacobin et Scot un Cordelier.*

---

(1) Ce détail est connu mais Brossette ne l'a pas rappelé à ce vers.
(2) Ces imitations d'Horace et de Juvénal ne sont pas citées par les trois commentateurs de
Boileau.
(3) Boileau se rend ici justice, tout comme il l'avait déjà fait au vers 47 de cette même satire.

v. 239.  *Et que sert à Cotin la raison qui lui crie,*

*Homme qui avoit quelque mérite. Il estoit de l'Acadé-*
L'abbé Cotin estoit un [méchant Prédicateur, et quoique je ne l'aye ny
*mie et a faict quelques sermons qui ont esté imprimés, mais il n'avoit nul talent*
veu ny par conséquent entendu, je me raporte là dessus à la renommée
*pour la chaire aussi ne se piquoit-il pas d'estre grand Prédicateur, mais ce qu'il*
publique. Mais comme il a fait imprimer beaucoup de livres de poésie, et
*croioit posséder par excellence c'estoit la galanterie et la Satire. Il a faict plusieurs*
que l'on en trouve encore quelques-uns par hazard, il ne faut que lire à
*ouvrages en prose et en vers où on ne peut pas dire qu'il n'y ayt point d'esprit*
livre ouvert pour convenir que c'est un Poète détestable. C'est de luy
*mais qui ne sortent point du médiocre et où il paroist beaucoup de vanité. L'au-*
qu'est ce fameux sonnet dont Molière s'est si heureusement servi. Et
*teur excité par Furetière avoit mis dans la Satire du festin son nom avec celui de*
c'est l'autheur qui le lui avoit indiqué.]
*Cassagne et ne croioit pas l'avoir par là fort choqué parce qu'il ne se piquoit pas*
*fort, comme nous avons dit, d'estre bon Prédicateur. Cependant il prit la chose*
*en vrai Poëte et fit une satire en vers et un Discours en prose contre l'auteur où il*
*lui dit tous les derniers outrages. C'est ce qui a faict que l'auteur a si fort chargé*
*sur lui. Au reste il ne se contenta pas dans ces deux ouvrages d'attaquer l'Auteur*
*de la Satire à Molière mais il attaqua Molière lui-mesme qu'il traita avec le*
*dernier mépris et l'obligea par là à faire les Femmes sçavantes. Le Sonnet et le*
*Madrigal qu'on y tourne en ridicule sont tous deux de l'abbé Cotin et sont pris de*
*ses Œuvres galantes où l'auteur les indiqua à Molière* [1].

v. 244.  *Il met chez lui Voisins, Parens, Amis en fuite.*

Horace. Art poétiq., v. 474.
Indoctum, doctumque fugat récitator acerbus,
Quem vero arripuit, tenet, occiditque legendo.

*Car lorsque son Démon commence à l'agiter,*
v. 246.  *Tout, jusqu'à sa Servante, est prest à déserter.*

Pour tout Domestique, Cotin n'avait qu'une servante.

v. 251  *Sans avoir la raison il marche sur sa route.*
et suiv.  *L'homme seul qu'elle éclaire, en plein jour ne voit goute.*

---

(1) Ce jugement de Boileau sur Cotin est équitable, il contraste avec les attaques auxquelles le
poète s'est livré dans ses satires contre ce malheureux abbé ; Brossette ne s'est pas fait à ce vers
l'écho de cette tardive réparation.

V. 119 — St Thomas et Scot sont les deux maistres de la Theologie Scolastique, et presque toujours oposez dans tous leurs sentiments. S. Thomas estoit un Jacobin et Scot un Cordelier

V. 239 — L'Abbé Cotin estoit un meschant Predicateur, et quoique Homme qui avoit quelque mérite. Il estoit de l'Academie et a faict quelques Sermons qui ont esté imprimer mais il n'avoit nul talent pour la chaire aussi ne sçait-il pas desia un grand Predicateur mais ce qu'il croioit rapporte le dessus a la renommée publique. Mais comme pourdir par excellence c'estoit la galanterie et la Satire Il a faict plusieurs Ouvrages en prose et a fait imprimer beaucoup de livres de poche, et que l'on et en vers ou l'on ne peut pas dire qu'il n'y ayt point d'esprit mais qui se sentent presque mediocre en trouve quelques uns par hazard, il ne laisse et où il paroist beaucoup de vanité. L'Auteur excité par la Satire avoit mis dans la Satire que dixe son nom avec celui de Cassaigne et ne croioit pas le voir par le fort choqué parce c'est detestable. C'est de lui qu'est ce fameux qu'il ne s'y piquoit pas fort comme nous avons dit d'estre bon Predicateur Cependant il prit la chose en vrai Poete et fit faire une Satire envers et un Discours en prose contre l'Auteur ou il lui dit tous les derniers outrages C'est ce qui a faict que l'Auteur a si fort chargé sur lui Au reste il ne se contenta pas dans ses deux Ouvrages d'Eglises l'Auteur de la Satire a Moliere mais il attaqua Moliere lui mesme qu'il trahit par le dernier mepris et l'obligea par la à faire les femmes Sçavantes. Le Sonnet et le madrigal Sont tournez en Ridicule Sont tous deux de l'Abbé Cotin et sont pris de ses

V. 245 — Oeuvres galantes ou l'Auteur les indiqua a Moliere. Pour tout Domestique, Cotin n'avoit qu'une Servante.

V. 243 — Horace art poëtiq. V. 474

Indoctum, doctumque fugat Recitator acerbus.
Quem vero arripuit, tenet, occiditque legendo.

V. 251. — Horace a dit Ep. 1. V. 97.

Mea cum pugnat Sententia secum?
Quod petijt spernit: repetit quod nuper omisit
Aestuat, et vitae disconvenit ordine toto:
Diruit, aedificat, mutat quadrata rotundis.

*Satire VIII.*

> *Réglé par ses avis, fait tout à contre-temps,*
> *Et dans tout ce qu'il fait, n'a ni raison ni sens.*
> *Tout lui plaist et déplaist, tout le choque et l'oblige.*
> *Sans raison il est gay, sans raison il s'afflige.*
> *Son esprit au hazard aime, évite, poursuit,*
> *Défait, refait, augmente, oste, élève, détruit.*

Horace a dit : Ep. 1, v. 97 :

> . . . . . . Mea cum pugnat sententia secum ?
> Quod petiit, spernit : repetit quod nuper omisit :
> Æstuat, et vitæ disconvenit ordine toto :
> Diruit, œdificat, mutat quadrata rotundis.

> *Et voit-on comme luy, les Ours ni les Panthères,*
> *S'effrayer sottement de leurs propres Chimères,*
> v. 261. *Plus de douze attroupés craindre le nombre impair,*
> 262. *Ou croire qu'un corbeau les menace dans l'air ?*

Il y avoit dans les premières éditions :

> De phantosmes en l'air combatre leurs désirs,
> Ou de vains argumens chicaner leurs plaisirs.

*de piété*

Des personnes [éclairées] ayant témoigné à l'autheur que ces deux
*quoy que très beaux pouvoient tendre à quelque libertinage*
vers [pouvoient estre mal pris du costé de la Religion contre son dessein],
il les changea[1].

Combien de gens craignent de se trouver treize à table, combien
sont saisis de fraieur dez qu'une salière vient à se renverser, à quelles foi-
blesses, à quelles extravagances, à quelles folies l'homme n'est-il pas
sujet.

> v. 270. *Trembler aux pieds d'un Singe assis sur leurs autels;*
> *Et sur les bords du Nil, les peuples imbécilles,*
> *L'encensoir à la main chercher les Crocodiles.*

Juvénal commence ainsy sa 15ᵉ satire :

> Quis nescit, Volusi Bithynice, qualia demens
> Ægyptus portenta colat; Crocodilon adorat
> Pars hæc; Illa pavet saturam Serpentibus Ibim
> Effigies Sacri nitet aurea Cercopitheci ..

---

(1) Le changement de ces deux vers est bien indiqué par Brossette, mais Boileau en explique la raison.

*Satire VIII.*                     *Quoi ? me prouverez-vous par ce discours profâne,*
     v . 276.    *Que l'Homme, qu'un Docteur est au dessous d'un asne?*

    *Cela est dit malignement pour le D^r Morel à cause de la machoire dont nous*
[C'est du Docteur Morel dont on parle. La raison en a esté touchée
*avons parlé. (1)*
au commencement de cette satire.]

           *Et que peut-il penser, lorsque dans une rüe,*
           *Au milieu de Paris il promène sa veüe :*
     v . 289.   *Qu'il voit de toutes parts les Hommes bigarrez,*

A Paris chacun s'habille de la couleur qui luy plaist.

           *Que dit-il quand il voit, avec la mort en trousse,*
     v . 292.   *Courir chez un Malade un Assassin en housse :*

                                    *des mulles*
    Les médecins n'alloient autrefois que sur [une mulle] couvertes
    *de*
*Cela ne s'entend* [d'une] housse. Aujourd'huy ils vont à cheval ou en carrosse. [Mais sans
*point.* avoir égard à la monture ny à la voiture, l'autheur leur a toujours donné
le même nom. Quand il est malade, il ne demande point de médecin. Il
ne veut qu'un guérisseur.] (2)

     v . 293.   *Qu'il trouve de Pédans un escadron fouré,*
           *Suivi par un Recteur de Bedeaux entouré :*

    On appelle assez ordinairement du nom de Pédans tous les régens de
l'Université. [Il y en a pourtant qui n'ont aucune marque de pédantisme.
Quand l'autheur les nomme icy Pédans, c'est pour l'accommoder au
           *s'est servi du mot escadron fouré*            *que*
langage commun.] Il [les appelle escadron fouré], à cause [de] leurs
           *sont fourées d'hermine* (3)
robes de Docteur [dont l'estoffe est noire et la fourcure d'hermine.]

     v . 296.   *Mener tuer un homme avec cérémonie ?*

    Le Lieutenant criminel monté sur une mule ou sur un cheval accom-

---

(1) Brossette ne parle pas ici du Docteur Morel auquel Boileau a fait allusion et à qui cette
satire est dédiée.

(2) Cette remarque est nouvelle, mais il est curieux de constater l'absence de toute protes-
tation de Boileau contre cette assertion de Le Verrier que, lorsqu'il était malade, il ne demandait
point de médecin, mais un guérisseur !

(3) Cette explication sur les pédans visés par le satirique n'est pas dans le commentaire de
Brossette.

*Satire VIII.*                                    *assiste à l'exécution*

pagne le criminel jusques à l'échaffault et [lui voit subir l'arrest de sa condamnation.] [1]

v. 297.   *Que pense-t-il de nous? lors que sur le Midi*
298.     *Un hazard au Palais le conduit un Jeudi;*

C'est le jeudi que se tiennent les grandes audances de la Grand'-Chambre du Parlement, et c'est sur le midy qu'elles finissent, et que tout le monde est répandu dans la grand'sale.

*De tous costez, Docteur, voiant les Hommes fous,*
*Qu'il diroit de bon cœur, sans en estre jaloux,*
v. 307.   *Content de ses chardons, et secoüant la teste,*
*Ma foi, non plus que nous; l'Homme n'est qu'une beste!*

Et secoüant la teste. Expression charmante. Car par là l'autheur
                       *le même geste que font*
donne à l'asne [le même mouvement ordinaire de] tous les hommes lorsqu'ils condamnent quelque chose [2].

---

(1) Ce détail est nouveau.
(2) Ce petit commentaire du vers 307 est nouveau.

# SATIRE IX

On a déjà dit que cette satire fut faitte avant la satire de l'Homme. L'autheur avoit 25 à 26 ans lorsqu'il la composa. Tous les poëtes irritez des traits satiriques qu'il avoit lancez contre eux, se déchaisnoient contre luy de toutes les manières, et son frère l'académicien encore plus que tout autre. Enfin l'autheur las de recevoir des injures, surtout animé par les libelles diffamatoires que l'on publioit dans le monde et par où l'on attaquoit ses ouvrages et sa personne, se mit à composer en vers une apologie sérieuse. Mais il s'aperceut bientost qu'il joüoit le personnage d'un homme en colère et qu'il tomboit luy-même dans le défaut dont il avoit repris tous ces Poëtes. Ainsy il changea de dessein. Dez qu'il eut trouvé le moyen de parler à son esprit, il ne fut plus embarassé de dire tout ce qu'il vouloit dire. Aussy personne ne s'est offensé de ce qu'il a mis dans cet ouvrage, quoiqu'il soit presqu'entièrement composé des mêmes termes et des mêmes invectives que la colère arrachoit à tant de Poëtes malcontens. Tant il est vray que souvent le tour qu'on donne aux choses sert infiniment à les faire passer [1].

Cette satire est entièrement à la manière d'Horace, qui estoit un philosophe toujours gay, toujours riant, au lieu que Perse estoit un fort galant homme, mais qui se divertissoit dans son humeur satirique et dont le chagrin divertit aussy tous ses lecteurs [2].

L'autheur ne songeoit point à obtenir aucune pension du Roy, ny même à publier ses ouvrages. Il se contentoit de les lire à quelques-uns de ses amis particuliers, à Molière, à Chappelle, à Racine, au Duc de Vivonne, au Duc de Lédiguière, au Comte de Fiesque, au Duc de La Rochefoucault, à Mr le Prince. Tout cela se passoit d'ordinaire au cabaret. Mr de Ranché alors capitaine aux Gardes et à présent Gouverneur du Quesnoy estoit souvent des parties les plus particulières. Il fit tant à force de prières, et peut-estre plus encore à force de paier souvent

---

(1) Cette satire fut composée en 1667, d'après Brossette. Le Verrier penche pour la date de 1662 ou 1663 en donnant à l'auteur 25 à 26 ans et il ajoute que le satirique avait d'abord commencé une apologie sérieuse en vers à laquelle il a renoncé pour ne pas tomber dans le travers qu'il reprochait aux poètes qui l'attaquaient et, parmi ces poètes, il cite Gilles Boileau.

(2) Le Verrier avait mis cette note à la suite de son commentaire du vers 18 de cette satire

*Satire IX.* à la Croix-blanche, fameux cabaret du Simmetière St-Jean, où s'assem-
bloient les beaux Esprits que par complaisance l'autheur luy confia son
manuscrit des huit premières satires. M$^r$ de Ranché avoit juré qu'elles
ne sortiroient point de ses mains et qu'il n'en donneroit aucunes copies.
Dez qu'il les eut en son pouvoir, il prit des copistes chez luy et les dis-
tribua à qui en vouloit. Il fit plus car il les fit imprimer. Et ce ne fut pas
sans beaucoup de fautes. C'est de cette avanture dont il est parlé dans
l'édition qu'il fut contraint de faire faire lui-même en 1669 [1]. Aux huit
premières satires que M$^r$ de Ranché avoit données au public, l'autheur
ajouta celle-cy et son discours sur la satire. Mais quand on présenta l'édition des huit premières au Roy [2], il dit qu'il en avoit une qui selon son
goust valoit encore mieux que toutes les autres. En effet le Roy avoit
cette neuvième satire qu'il avoit enfermée dans sa cassette. S$^t$-Mory [3]
qui avoit montré à tirer au Roy, et que l'autheur avoit connu chez
Mad$^e$ Pelissari luy avoit demandé cette pièce pour la donner au Roy qui
souhaitoit de la voir. Quelque résolution que l'autheur eust prise de
cacher ses ouvrages, il n'eut garde de désobéir, et le Roy luy garda le
secret, jusqu'à ce que M$^r$ de la Motte et Mad. de Montespan pillèrent la
cassette et enlevèrent cette satire [4].

> v. 1.   *C'est à vous, mon Esprit, à qui je veux parler.*

Perrault l'académicien reprenoit ce premier vers et disoit qu'il falloit
dire : C'est vous, mon esprit, à qui je veux parler, ou c'est à vous mon
esprit que je veux parler, Patru se moquoit de cette critique. Les deux
manières de parler raportées par Perrault sont bonnes, mais celle que
l'autheur a suivie est seurement la meilleure [5].

> v. 2.   *Vous avez des défauts que je ne puis celer.*
>     3.   *Assez et trop long-temps ma lâche complaisance,*
>          *De vos jeux criminels a nouri l'insolence.*

---

(1) Cette édition de 1669 est le N° 22 des Notices bibliographiques de Berriat-Saint-Prix, il existe
des exemplaires avec la date de 1668 (N° 19 de Berriat-Saint-Prix). Il n'y est pas question de l'aventure.

(2) Voici la seule édition contenant seulement les VIII premières satires : N° 15 A de Berriat-
Saint-Prix : Satires du sieur D*** dernière édition, in-12 de 8 et 46 p. Amsterdam, chez Jean
Elzévier (Bibl. de Lyon), ce n'est pas vraisemblablement celle qui a été présentée à Louis XIV.
Peut-être cette dernière impression portait-elle cinquième ou sixième édition, ces deux tirages
sont cités, en effet, comme complètement disparus par Berriat-Saint-Prix.

(3) Saint-Mauris suivant Brossette.

(4) Cette note qui commence : L'autheur ne songeoit point... étoit placée à la suite de celle du
vers 36. Elle est curieuse en ce qu'elle nous met au courant de la façon dont Boileau faisait part à
ses amis de ses satires. Les détails sur la trahison de M. de Ranché ne sont pas dans le commentaire de Brossette, pas plus d'ailleurs que le récit du « secret » gardé par Louis XIV sur la
IX$^e$ satire Malheureusement le poète n'a pas dû revoir avec soin les notes de Le Verrier à partir
de cette IX$^e$ satire, on s'en aperçoit un peu.

(5) Cette note exposant la critique de Ch. Perrault et l'opinion de Patru est inédite.

*Satire IX.* — Ces deux vers sont admirables. Ils sont tout à fait dans l'air de Malherbe. Racine a souvent imité cette façon de parler, assez et trop longtemps, etc., mais il s'en est particulièrement servi dans son Alexandre.

> *On croiroit à vous voir dans vos libres caprices,*
> *Discourir en Caton des vertus et des vices,*
> *Décider du mérite et du prix des Auteurs,*
> v. 10.   *Et faire impunément la leçon aux Docteurs,*

Ce vers est ajouté après coup, car il est fait pour apaiser les Docteurs de Sorbonne qui paroissoient en mauvaise humeur à cause de ce qui est dit contre eux dans la satire de l'Homme [1], on a observé qu'encore que celle-cy ait esté publiée depuis, elle a pourtant esté composée auparavant [2].

> *Je ris, quand je vous vois, si foible et si stérile,*
> *Prendre sur vous le soin de réformer la ville,*
> *Dans vos discours chagrins plus aigre, et plus mordant*
> v. 18.   *Qu'une Femme en furie, ou Gautier en plaidant.*

Gautier estoit un avocat fort emploié et grand braillard. On l'appelloit la Gueule. Entr'autres talens, il avoit celuy de citer à tout propos. Un jour il poussa si loin ses citations qu'il se servit en plaidant de deux vers de Regnier (dans la Macette, vers 11) :

> Elle qui n'eut avant que pleurer son délit
> Autre Ciel pour objet que le ciel de son lit.

Un autre jour plaidant contre Defita il prit pour exorde les mêmes paroles que Cicéron employe au commencement de l'oraison Pro Quintio :

Quae res in civitate duae plurimum possunt, hae contra nos ambae faciunt in hoc tempore : summa gratia et eloquentia ; quarum alteram, C. Aquilli, vereor, alteram metuo. Eloquentia Q. Hortensii ne me a dicendo impediat non nihil commoneor. Gratia Sexti Naevii ne P. Quintio noceat, id vero non mediocriter pertimesco.

Les deux puissans ressorts qui font mouvoir maintenant toute la ville, le crédit suprême et l'Eloquence, c'est justement ce que l'on employe aujourd'huy contre nous, etc.

Defita, avocat, qui estoit un bon homme, dont tout l'art consistoit à avoir en plaidant une grande paire de lunettes sur le nez, à lire aux juges les papiers que ses parties luy avoit mis entre les mains, à chercher

---

(1) Ce détail n'est pas dans le commentaire de Brossette.
(2) Brossette confirme cette assertion, note du vers 7.

*Satire IX.* par là le moyen d'en tirer la vérité pour l'exposer sincèrement aux yeux de la Justice, fut si effraié de l'exorde de Gautier qu'il en laissa tomber ses lunettes de saisissement, et il dit : La Cour sçait que je n'ay de ma vie pensé à estre éloquent, et ma partie est un misérable boulanger [1].

> v. 25.    *Et ne sçavez-vous pas, que sur ce Mont sacré,*
>        *Qui ne vôle au sommet tombe au plus bas dégré :*

Horace. Art poétiq., v. 372.

> . . . . . . . . Mediocribus esse poëtis
> Non homines, non Dî, non concessere columnae.

>        *Que si tous mes efforts ne peuvent réprimer*
> v. 30.    *Cet ascendant malin qui vous force à rimer :*
>        *Sans perdre en vains discours tout le fruit de vos veilles;*
>        *Osez chanter du Roi les augustes merveilles.*

Horace. Sat. 1, Liv. 2, v. 10.

> Aut, si tantus amor scribendi te rapit, aude
> Cœsaris invicti res dicere, multa laborum
> Proemia laturus. Cupidum, pater optime, vires
> Deficiunt, neque enim quivis horrentia pilis
> Agmina, nec fracta pereunteis cuspide Gallos,
> Aut labentis equo describat vulnera Parthi.

>        *Là, mettant à profit vos caprices divers,*
> v. 34.    *Vous verriez tous les ans fructifier vos vers;*

Il parle des pensions que le Roy accorda à plusieurs Gens de lettres [2].

>        *Et par l'espoir du gain vostre Muse animée,*
> v. 36.    *Vendroit au poids de l'or une once de fumée.*

Vendroit au poids de l'or quelque once de fumée. C'est ainsy que Pélisson vouloit que ce vers fust tourné. Il ne pouvoit souffrir que l'on determinast la fumée par un poids certain, et que l'on dit une once de fumée. Patru se moqua de la critique, et le vers demeura comme il estoit dans son origine [3].

---

(1) Le Verrier ajoute ici quelques détails intéressants sur Gautier la gueule et Delita complétant ainsi la note de Brossette.
(2) Cette allusion n'est pas signalée par Brossette.
(3) Cette remarque de Pellisson combattue par Patru est nouvelle.

*Satire IX.*        *Tout Chantre ne peut pas, sur le ton d'un Orphée,*
    v. 40.    *Entonner en grands vers, la Discorde étouffée.*

La Discorde étouffée. Ce sont les guerres civiles.

    v. 42.    *Et le Belge effrayé fuiant sur ses ramparts.*

Cette satire fut faite l'année que le Roy prit Lille en Flandres.

    v. 44.    *Racan pourroit chanter au défaut d'un Homère;*

L'estime que l'autheur fait de Racan ne va pas jusqu'à le mettre immédiatement après Homère. Il s'en faut beaucoup, mais quand ce vers fut composé Racan vivoit encore [1].

    v. 45.    *Mais pour Cotin et moi, qui rimons au hazard :*
        46.    *Que l'amour de blâmer fit Poëtes par art :*

v. 45. [Juvénal. Sat. 1, v. 79.
        Si natura negat, facit indignatio versum
        Qualemcunque potest, quales Ego, vel Cluvienus]
    v. 46. D'abord Cotin avoit paru dans le monde sous le titre de Poëte satirique, et il croioit que c'estoit en cela que consistoit sa plus grande force. Il a donné au public une satire contre Ménage intitulée La Ménagerie; une autre contre Mlle de Scudéry [2], une autre encore contre l'autheur qui, en peu de temps, changea Cotin de Poëte satirique en Poëte douceureux. Et de là viennent tant de mauvais ouvrages de galanterie qui ont esté ruineux pour son libraire.

    v. 47.    *Quoi qu'un tas de Grimauds vante nostre éloquence,*

C'est l'Académie de Ménage que l'on a icy en veuë. Car toutes sortes de gens y estoient bien receus sans choix ny distinction [3].

    v. 55.    *Mais deussiez-vous en l'air voir vos alles fonduës,*
            *Ne valoit-il pas mieux vous perdre dans les nuës;*
            *Que d'aller sans raison, d'un stile peu chrestien,*
            *Faire insulte en rimant à qui ne vous dit rien,*

---

(1) Le Verrier a pris soin de préciser la pensée de Boileau au sujet de Racan qu'il n'a jamais voulu comparer à Homère.

(2) Nous ne connaissons pas cette satire contre Mlle de Scudéry.

(3) Cette allusion féroce, si allusion il y a, à l'Académie de Ménage n'est pas signalée par Brossette et cependant il est difficile de croire que Le Verrier, dont la bonne foi est au-dessus de tout soupçon, l'ait inventée de toutes pièces.

*Satire IX.* Hor. Liv. 2, Sat. 1, v. 21.

> Quanto rectius hoc, quam tristi laedere versu
> Pantolabum scurram, Nomentamumque nepotem.
> Quum sibi quisque timet, quamquam est intactus, et odit!

> *Vous vous flattez peut-estre en vostre vanité :*
> v. 62.   *D'aller comme un Horace à l'immortalité :*

> Quod si me lyricis vatibus inseris
> Sublimi feriam sidera vertice [1].
>
>                              (Ode 1°)

> *Et déjà vous croyez dans vos rimes obscures,*
> v. 64.   *Aux Saumaizes futurs préparer des tortures.*

En lisant cette Satire avec l'autheur, il me dit, ma prophétie n'est-elle pas vraie. C'est à vous à qui je parlois dès ce temps-là. Si je me suis donné la torture pour atraper ces remarques malgré la répugnance qu'il avoit à me les donner, j'espère que ceux qui les verront me sçauront quelque gré de la patience que j'ay euë pour les lui arracher [2].

> *Mais combien d'Ecrivains, d'abord si bien receus,*
> *Sont de ce fol espoir honteusement déceus ?*
> *Combien, pour quelques mois, ont veu fleurir leur livre,*
> v. 68   *Dont les vers en paquet se vendent à la livre ?*
> et suiv.   *Vous pourez voir un temps vos écrits estimez,*
> *Courir de main en main par la ville semez :*

Imitation d'Horace dans l'épître à son livre, v. 11, ép. 20.

> Carus eris Romæ, donec te deserat ætas
> Contrectatus ubi manibus sordescere Vulgi
> Coeperis : aut tineas pasces taciturnus inerteis :
> Aut fugies Uticam, aut unctus mitteris Ilerdam [3].

> *Puis de là tout poudreux, ignorez sur la terre,*
> v. 72.   *Suivre chez l'Epicier Neuf-Germain et la Serre :*

La Serre a composé plusieurs livres, dont il se moquoit le premier comme il se moquoit de ceux qui les acheptoient. C'estoit un très grand

---

(1) Ce rapprochement avec Horace n'est pas signalé par les trois commentateurs de Boileau.

(2) Cette note est à retenir, elle montre l'entière bonne foi de Le Verrier, et Brossette a dit, après lui, au sujet de ce même vers, qu'il lui a « inspiré la première pensée de faire un commentaire sur les œuvres de M. Despréaux ».

(3) Cette imitation d'Horace n'est pas signalée par les trois commentateurs de Boileau.

discur de galimatias mais c'estoit un bon homme qui se connoissoit, et qui se rendoit justice à luy-même. Un jour il estoit chez Richesource ou des gens qui valaient mieux que lui ne laissoient pas d'aller, et entendant ce fou qui déclamoit son galimatias avec la même confiance et la même fureur que s'il s'estoit senti un vray Démosthène, St-Germain [1] se leva de dessus son siège, courru l'embrasser, et luy dit, Monsieur, il faut l'avouër, vous entendez encore mieux le galimatias que je ne fais [2].

Molière disoit que St-Germain [1] qui portoit une grande barbe dans le temps que tout le monde estoit rasé n'estoit recommandable que par l'antiquité de sa barbe et par la nouveauté de sa poësie.

Voiture a imité cette poësie extravagante et y a jetté de cet esprit de naïveté et ce tour fin qui ne l'abandonnoient jamais. Ce sont ces vers à la mode de Neuf-Germain qu'il adresse à M. D'Avaux, le plénipotentiaire, où entr'autres choses il dit de luy :

> Le délivreur d'Androméda
>
> Vit moins de mers, de monts, de vaux,
>
> Monté sur son aislé dada,
>
> Que n'en courut ce grand D'Avaux.

La Fontaine a aussy imité cette poësie dans une pièce qu'il a composée à la louange de Monseigneur sur la prise de Philisbourg, et que j'ay trouvée parmy les papiers qu'il m'a laissez en mourant, car que n'imitoit-il point, et quel genre de poësie n'a-t-il point imité. Voicy un morceau de cette imitation :

> Le Dieu du Rhin en a dit, Fi,
>
> Je sens les corps ensevelis,
>
> Et non le bois de Calambourg
>
> Le long des murs de Philisbourg.

Après avoir rapporté ces imitations, il est bien juste de faire voir icy un eschantillon de l'original, qui surpasse de beaucoup les excellentes copies que je viens de raporter. C'est une épigramme pour M. le Duc de Richelieu :

> Fendez en deux une souris
>
> Prenez la moitié d'une mouche,
>
> Coupez millieu par le millieu,
>
> Vous avez trouvé Richelieu.

---

(1) Le Verrier a écrit Saint-Germain pour Neuf-Germain.

(2) La partie de la note de Le Verrier relative à La Serre a été confirmée par Brossette, qui l'a placée au vers 176 de la satire III avec cette seule différence : Brossette fait jouer à La Serre au sujet de l'éloquence de Richesource le rôle que Le Verrier donne à Neuf-Germain vis-à-vis de La Serre. Si Le Verrier a raison — et c'est peu probable — le discours était ce jour-là prononcé par La Serre et non par Richesource.

> *Le bel honneur pour vous, en voyant vos ouvrages*
> *Occuper le loisir des Laquais et des Pages,*
> *Et souvent dans un coin renvoyez à l'écart,*

v. 78.  *Servir de second tome aux airs du Savoyard!*

Le Savoiard estoit un chantre du Pont-Neuf fort renommé. Il avoit avec luy une espèce de Troupe. L'autheur ne haïssoit pas de l'aller entendre et en parle fort volontiers. Ce Savoiard a fait imprimer un livre de chansons. En voicy deux vers que j'ay entendu citer à l'autheur :

> L'embarquement est divin
> Quand on s'embarque sur le vin [1].

Il avoit imité autant qu'il avoit pu, par raport à son art ce fameux farceur appellé Gilles le niais. Celuy-cy joüoit ses Farces dans un jeu de paulme qui estoit devant les fenestres de l'abbé de Marolles. Dans le temps que ce Farceur faisoit le plus de bruit, l'abbé faisoit imprimer sa détestable traduction de Térence, et sa folie alla jusqu'à y mettre que M. De la Force, qui estoit ce Gilles le niais, charmoit tout Paris, comme Térence avoit charmé l'ancienne Rome [2].

v. 91.  *Le Jonas inconnu sèche dans la poussière.*

Le Jonas est un poëme composé par Coras, ministre de la R. P. R. de Guienne. C'est le même qui prétendoit avoir fait cette Iphigénie dont Le Clerc vouloit estre le père et qui n'est connuë que par une épigramme de M. Racine :

> Entre Le Clerc et son amy Coras,
> Tous deux autheurs rimant de compagnie,
> N'a pas longtemps s'émeurent grands débas
> Sur le sujet de leur Iphigénie.
> Le Clerc disoit : la pièce est de mon cru.
> Coras répond : elle est mienne et non vostre.
> Mais aussy tost que la pièce a paru,
> Plus n'ont voulu l'avoir fait l'un ny l'autre [3].

---

(1) Voici le texte exact des deux vers cités de cette chanson du Savoyard, c'est le refrain :
    L'embarquement est divin
    Quand on vogue, vogue, vogue
    Quand on vogue sur le vin.
(Air bachique à la gloire des bons biberons, éd. de 1665.)
(2) Il n'est pas question dans la note de Brossette de Gilles le Niais et de l'abbé de Marolles.
(3) Voici le texte exact de cette épigramme que Le Verrier a citée de mémoire :
    Entre Le Clerc et son amy Coras,
    Deux grands auteurs rimant de compagnie,
    N'a pas longtemps sourdirent grands débats
    Sur le propos de leur Iphigénie.
    Coras lui dit : « La pièce est de mon cru. »
    Le Clerc répond : « Elle est mienne et non vostre. »
    Mais aussitost que l'ouvrage a paru,
    Plus n'ont voulu n'avoir fait l'un ny l'autre.

*Satire IX.*　　v. 92. *Le David imprimé n'a point veu la lumière.*

Le David est un poëme de la façon de Las Fargues [1]. Ce Las Fargues, Des Escuteaux et quelques autres estoient des disciples du fameux Nervèze. Et si on en croit l'autheur, Balzac, à proprement parler, n'est qu'un Nervèze rectifié.

v. 93. *Le Moïse commence à moisir par les bords.*

Le Moïse est sorti de la main de Saint-Amant. Ce malheureux poëme [2] exprimé par le dernier hémistiche d'un quatrain de Marolles, a gasté trois fort beaux vers et demy qu'il avoit faits par hazard, en parlant à la Reine de Pologne, Marie-Loüise de Gonzagues :

> Telle et plus belle encor la divine Loüise,
> Sur le trosne du Nort, brillant de ses attraits,
> Etonna le Sarmate, et vainquit de ses traits

*pousa les deux*

> Casimir et son Frère, et l'illustre Moïse.

> *Le tombeau contre vous ne peut-il les défendre ?*
> *Et qu'ont fait tant d'Auteurs, pour remuer leur cendre ?*
> *Que vous ont fait Perrin, Bardin, Pradon, Haynaut,*

v. 98. *Colletet, Pelletier, Titreville [3], Quinaut.*

---

(1) Las Fargues pour Les Fargues. Boileau, nous le regrettons, n'a ni infirmé ni confirmé l'opinion que lui prête Le Verrier sur Balzac.

(2) Ce poème renferme de très beaux vers parmi une foule d'autres plus que faibles. Boileau s'est moqué particulièrement d'un passage du Moïse sauvé, dans l'Art Poétique, vers 261 et suivants :

> N'imitez pas ce Fou, qui décrivant les mers,
> Et peignant, au milieu de leurs Flots entr'ouverts,
> L'Hébreu sauvé du joug de ses injustes Maîtres,
> Met, pour le voir passer, les poissons aux fenêtres.

Desforges-Maillard a fait bonne justice de cette critique dans sa lettre sur un vers de Saint-Amant, lue à l'assemblée publique de l'Académie Royale des belles-lettres de La Rochelle, le 19 avril 1752. (Voir Desforges-Maillard : Œuvres nouvelles T. II, Nantes, 1892, éd. Arthur de La Borderie et René Kerviler.)

(3) Brossette a mis la note suivante sur Titreville au sujet du vers 45 de la Satire VII : « Poëte très obscur, dont il y a quelques vers dans les « recueils de poésies ». Nous croyons cette note inexacte ; les recueils de poésies du XVII° siècle (voir notre Bibliog. des rec. collectifs de poésies publiés de 1597 à 1700, 4 vol. in-4) ne renferment aucune pièce signée Titreville.

Il y en a une signée Thiesseville, probablement Tierceville. Ce Quentin de Mahault, chevalier, seigneur de Tierceville, lieutenant-colonel du régiment de Roncherolles, vint à Dieppe en 1678, en qualité de gouverneur et y mourut le 17 mars 1692. Il avait de l'esprit et de la facilité pour la poésie. Ses vers couraient les salons, nous en avons publié quelques-uns (Bibliog. des rec. collectifs, T. II, p. 490 ; T. III, p. 554 et T. IV, p. 192).

Il y a, à notre connaissance, deux Titreville : le premier a fait un poëme latin : Chessiacum (Chessy, près Meaux) Ad. D. Henricum de Fourcy par Carolus de Titreville. 1637, in-4°. Ce n'est pas à lui qu'a songé Boileau.

Le second : Claude de Titreville, mort le 26 août 1678, à 70 ans, était conseiller du Roi et substitut du Procureur général ; marié à Madeleine Lambert, il eut une fille, Charlotte, baptisée le 18 mars 1657. Il demeurait rue du Grand-Chantier, paroisse de Saint-Jean-en-Grève (Rochebilière, ext. des registres de l'état civil, Ms. 3622, N. A. Fr., Bibl. Nat.). Etait-il poète ?

*Satire IX.*     Je ne puis m'empêcher de raporter icy sur le nom de Quinaut qui se
présente au bout de ce vers, une dispute que l'autheur eut avec luy sur
ce que dans tous ses opéra, Quinaut mettoit souvent Phaëton pour Apollon. L'autheur fort instruit de ce qu'Homère, Apollodore, Hésiode, et
les anciens mytologistes nous ont laissé sur la fable des anciens, soutenoit que cette liberté de donner à Apollon le nom de Phaëton n'avoit
trouvé place que parmi les Modernes. Quinaut au contraire assuroit qu'il
avoit leu une décision en sa faveur dans Noël Le Comte. Ils firent sur
cela une gageure. L'autheur dans le cabinet duquel se passoit la dispute
prit le livre, et y trouva une décision absolument contraire à l'opinion de
Quinaut. Aussytost l'autheur ne manqua pas de dire vous voiez que
Natalis Comes vous condamne : Oh! dit Quinaut, je ne m'en suis pas
raporté à Natalis Comes, mais à Noël Le Comte. L'autheur par honnes-
teté ne voulut rien dire. Le Faiseur d'opéra triompha de son silence. Il
en appella à son amy Simonnet, gros banquier qui se piquoit de sçavoir
le latin pour son amy Quinaut et pour luy, surtout celuy d'Ovide. A
quelque temps de là on engagea l'autheur de disner avec Simonnet qui
ayant renouvellé la querelle, demanda à l'autheur s'il entendoit le latin.
Celuy-cy luy aiant réparti qu'il l'entendoit comme un bon Banquier devoit
sçavoir l'arithmétique. Et vous, Monsieur Simonnet, savez-vous le grec,
le Banquier fut si étonné qu'il conseilla à son amy Quinaut de s'accommoder. Et jamais il n'y eut d'accommodement là-dessus, quoique
d'ailleurs l'autheur et Quinaut fussent réconciliez lorsque Quinaut
mourut [1].

> *Ce qu'ils font vous ennuie. O le plaisant détour!*
> *Ils ont bien ennuié le Roi, toute la Cour;*
> *Sans que le moindre édit ayt pour punir leur crime,*
> v. 104.    *Retranché les Auteurs, ou supprimé la rime.*

Cette satire fut faite dans le temps que M<sup>r</sup> Colbert retranchoit tout, et
supprimoit tout. La famille de l'autheur s'en est ressentie, et la douleur
n'en est pas encore passée [2].

> *Escrive qui voudra : Chacun à ce métier*
> *Peut perdre impunément de l'encre et du papier.*

---

(1) Toute cette longue note de Le Verrier relative à la dispute de Boileau et de Quinault sur
Apollon et Phaëton est en partie inédite. Dans les conversations de Brossette avec Boileau
(Ms. 15275 de la Bibl. Nat.), il est question incidemment de Natalis Comes (conversation du
dimanche 22 octobre 1702).

(2) Brossette n'a vu dans ce vers aucune allusion. Le Verrier est formel, il parle de la douleur
causée à la famille de Boileau par les retranchements sur les pensions décidés par Colbert, douleur
qui n'était pas encore affaiblie à trente années de distance.

*Satire IX.*                    *Un Roman, sans blesser les loix ni la coûtume,*
   v. 108.    *Peut conduire un Héros au dixième volume.*

Ces trois romans, La Clélie, L'Artamène et Pharamond sont composez chacun de dix volumes.

            *De là vient que Paris voit chez luy de tout temps,*
            *Les Auteurs à grands flots déborder tous les ans :*
   v. 111.    *Et n'a point de portail, où jusques aux corniches,*
            *Tous les piliers ne soient enveloppez d'affiches.*

Jusques aux corniches — parce que les corniches estant composées de parties inégales et tranchantes, on ne peut y mettre des affiches [1].

   v. 119.    *Gardez-vous, dira l'Un, de cet Esprit critique :*
            *On ne sçait bien souvent quelle mouche le pique :*
            *Mais c'est un jeune Fou qui se croit tout permis,*
            *Et qui pour un bon mot va perdre vingt Amis.*

Horace. Sat. 4, Liv. 1.
        Fœnum habet in cornu, longe fuge : dummodo risum
        Excutiat sibi, non hic cuiquam parcet amico.

Pour juger combien nostre autheur ajoute à ce qu'il imite, et combien son imitation est au-dessus de celle de Regnier, il n'y a qu'à comparer le passage d'Horace avec celuy de cette satire et avec un endroit de Regnier, sat. 12, v. 51 :

        Leurs femmes vous diront, fuiez ce médisant.
        Fâcheuse est son humeur, son parler est cuisant.
        Quoy; Monsieur? N'est-ce pas cet homme à la satire
        Qui perdroit son amy plustost qu'un mot pour rire !

Au reste, il est bon de dire icy en faveur des Etrangers que ce vers:
        *On ne sçait bien souvent quelle mouche le pique*

est un proverbe françois. On dit, en effet, en parlant d'un homme plus chagrin et plus capricieux qu'à son ordinaire, je ne sçay quelle mouche l'a piqué. Et par là l'autheur imitant le fœnum habet in cornu d'Horace, a rendu proverbe pour proverbe.

            *Il ne pardonne pas aux vers de la Pucelle,*
            *Et croit régler le monde au gré de sa cervelle.*
   v. 125.    *Jamais dans le Barreau trouva-t-il rien de bon?*

---

(1) Cette explication sur les corniches n'est pas dans le commentaire de Brossette.

*Satire IX.*     Il n'est pas surprenant que le père de l'autheur ait voulu le faire
avocat. Il a donc pendant quatre ans porté la robe au Palais. Et c'est là
où trouvant des ridicules qui ne se trouvent point ailleurs dans un si
haut degré de perfection, il ramassa ces caractères et ces personnages
qui joüent leur rolle avec tant de grâces dans les Plaideurs de Racine.

L'autheur n'a jamais fait de fonction d'avocat. Il a seulement une fois
en sa vie esté chargé d'une cause qu'il ne plaida point, parce que l'affaire
s'accomoda. Et cette cause ne luy a donné d'autre pêne que celle de
songer qu'il falloit l'étudier avec soin pour la plaider, et de donner sa
décision sur un fait de procédure dont les Procureurs qui ne pouvoient
convenir entre eux le rendirent le juge et l'arbitre. Le Procureur de la
partie de l'autheur soutenoit qu'il falloit faire interroger l'autre partie sur
faits et articles. L'autre Procureur soutenoit au contraire qu'il n'y avoit
pas lieu à interrogatoires. Ils vont trouver l'autheur qui, dans ce moment-là,
faisoit quelques vers dont il estoit plus occupé que de la cause. Les vers
l'occupèrent toujours. Les deux Procureurs crièrent, se débatirent,
chacun de son costé n'oublia rien pour persuader ce nouveau Jurisconsulte en sa faveur. Alors l'autheur qui n'avoit pas entendu un mot
de tout ce qu'ils avoient dit leur demanda en riant de quoy il s'agissoit.
Son Procureur répondit qu'il n'estoit question que de faire interroger la
partie adverse sur faicts et articles. Et cela devroit déjà estre fait, répartit
l'autheur. Les deux Procureurs reçeurent son arrest avec soumission. Et
comme ils descendoient l'escalier, il entendit que le Procureur qui avoit
esté condamné disoit à son confrère, ce jeune homme-là ira loin. Il n'y a
qu'à considérer sur quoy estoit fondé la bonne opinion de ce
Procureur [1].

v. 126.     *Peut-on si bien prêcher qu'il ne dorme au sermon?*

Il est vray qu'il n'y a guères de sermon où l'autheur ne s'endorme.
Mais quand il trouve un excellent Prédicateur, l'envie de dormir luy
prend moins qu'à personne. Pour juger de son goust pour les sermons,
il n'y a qu'à sçavoir ce qu'il dist un jour au Roy. Le Père Gaillard, jésuite,
avoit prêché à Versailles. Le Roy l'avoit entendu et approuvé. Il n'en
fallut pas davantage. Les courtisans le loüèrent à l'excez; surtout
Mʳ le Cardinal de Boüillon en parla comme d'un sermon merveilleux.
L'autheur estoit présent et gardoit le silence. Le Roy luy demanda ce
qu'il pensoit du Prédicateur. L'autheur répondit qu'il avoit assez bien
prêché. Le Roy témoigna que cette réponse ne luy déplaisoit pas, et

---

(1) Brossette ne nous dit rien de l'anecdote racontée par Le Verrier sur la façon dont Boileau
a compris l'exercice de sa profession d'avocat.

*Satire IX.* M^r le Cardinal de Boüillon voyant que les Rieurs n'estoient pas de son costé, changea de discours, et dist que la plus belle action qu'on eust faitte en chaire, c'estoit l'oraison funèbre de M^r de Turenne que M^r Mascaron, évêque d'Agen, avoit composée. Le Roy voulut encore sçavoir ce qu'en pensoit l'autheur. Il répondit qu'après le récit de cette pièce, tout le monde l'admiroit, mais que l'admiration cessa dez qu'on vit cet ouvrage sur le papier, et que la première période ne s'entendoit pas. A propos de tout cela le Roy demanda encore ce que c'estoit que M^r Joly, ancien évêque d'Agen. L'autheur répondit que c'estoit un Homme de qui on ne disoit point quand son sermon estoit fini, qu'il avoit bien presché, mais que tout le monde crioit tout haut, alons à confesse. Et M^r Le Tourneur dont j'entends si fort parler, reprit le Roy, quel homme est-ce? Sire, c'est un grand prestre mal basti de qui on dit lorsqu'il monte en chaire, pourquoy y monte-t-il. Et quand il en descend tout le monde se demande l'un à l'autre, pourquoy en descend-il. Mais encore, ajousta le Roy, d'où vient que tout ce peuple court en foule après luy. Sire, répondit l'autheur, c'est qu'il presche l'Evangile [1].

> *Mais lui qui fait ici le Régent du Parnasse,*
> v. 128. *N'est qu'un gueux revêtu des dépoüilles d'Horace.*

St-Pavin [2] reprochoit à l'autheur qu'il pilloit Horace, Juvénal et Regnier.

> v. 131. *L'Un et l'Autre avant lui s'estoient plaints de la rime.*
> *Et c'est aussi sur eux qu'il rejette son crime :*

Les Grecs ny les Latins ne connoissoient point la Rime. C'est une grande question que de sçavoir en quel païs elle a pris naissance. Les Provençaux soutiennent qu'ils en sont les Inventeurs. Peut-estre ne sont-ils pas mal fondez. Mais toujours y a-t-il beaucoup d'aparence qu'elle à pris son origine parmi les Gaulois.

> *J'ai peu lû ces Auteurs : mais tout n'iroit que mieux,*
> v. 135. *Quand de ces Médisans l'engeance toute entière*
> *Iroit la teste en bas rimer dans la rivière.*

M. le Duc de Montauzier disoit qu'il faudroit envoier l'autheur aux

---

(1) Le Verrier se fait ici le chroniqueur des faits et dits de son auteur favori, c'est une contribution utile — et inédite — pour l'étude du caractère de Boileau.

(2) Le Verrier fait allusion au fameux sonnet de Saint-Pavin reproduit par Brossette, p. 442, T. I. Despréaux grimpé sur Parnasse

*Satire IX.* galères avec une couronne de laurier [1]. Voilà comment Platon chassoit Homère de sa République (Platon, lib. 3, p. 398, édit. Serran), et par les fragmens de Cicéron l'on trouve que dans son 4ᵉ livre de la République il avoit copié cet endroit de Platon car il dit : ego vero eodem quo ille Homerum *redimitum* coronis et delibutum *ungentis* mitit *ex ea* urbe *quam* ipse sibi fingit.

Toute la Cour sçait que le Duc de Montauzier qui souvent se conduisoit plutost par les loix de l'amitié que par les loix de la raison, n'estoit pas content de la manière dont l'autheur traitoit Chapelain dans ses satires. Cependant il pressa plusieurs fois Puy-morin de mener l'autheur disner chez luy. Mais l'autheur qui naturellement est distrait, qui est extrêmement vif et qui accompagne ses discours d'une action véhémente, craignoit de se trouver à la table de ce duc, car avec un très grand fond de bonté, il ne pardonnoit point la moindre faute. Un jour il trouva dans la Chambre du Roy l'autheur à qui il dit : voulez-vous que toute la Cour croye que nous sommes mal ensemble. Si vous ne le voulez pas, venez donc disner avec moy. Il y alla. Le Duc luy enseigna comment il falloit se tenir sur son siège, de quelle manière il falloit d'abord mettre la nape sur ses genoux, puis la serviette par dessus, enfin tout ce qu'il falloit pour observer les règles d'une politesse et d'une adresse fort outrées. L'autheur sortit de ce repas sans avoir fait de faute, et il s'admire encore aujourd'huy là-dessus [2].

> *Rien n'appaise un Lecteur toûjours tremblant d'effroi,*
> v. 142. *Qui voit peindre en autrui ce qu'il remarque en soi.*

Ce vers contient une grande vérité.

> Cum sibi quisque timet, quamquam est intactus, et odit
> (Horat. Sat. 1, lib. 2)

> *Est-ce un crime après tout, et si noir et si grand ?*
> *Et qui voyant un Fat s'applaudir d'un ouvrage,*
> *Où la droite Raison trébuche à chaque page,*
> *Ne s'écrie aussi-tost : L'impertinent Auteur !*
> v. 154. *L'ennuyeux Ecrivain ! le maudit Traducteur !*

---

[1] Le mot du Duc de Montausier est rapporté différemment par Le Verrier et Brossette. D'après le premier, Mʳ de Montausier aurait dit « qu'il faudrait envoyer Boileau aux galères avec une couronne de laurier », d'après le second « qu'il faudrait envoyer Boileau et tous les satiriques rimer dans la rivière ». Le Duc de Montausier a cependant traduit en vers les satires de Perse et la dixième satire de Juvénal. (Rec. Conrart, 5.131, Bibl. de l'Arsenal.)

[2] Tous les détails donnés par Le Verrier sur les relations du Duc de Montausier et du poète ne sont pas dans le commentaire de Brossette.

*Satire IX.*  C'est de l'abbé de Marolles dont l'autheur parle icy [1]

> *A quoi bon mettre au jour tous ces discours frivoles,*
> v. 156.  *Et ces riens enfermez dans de grandes paroles ?*

Voilà, à mon sens, un des plus beaux vers qu'il ait faits. Que ne fait-il point entendre ! Il me semble qu'Horace n'alloit point si loin quand il disoit

> Versus inopes rerum nugæque canoræ

> *Si l'on vient à chercher, pour quel secret mystère,*
> v. 160.  *Alidor à ses frais bâtit un monastère :*
> 161.  *Alidor, dit un Fourbe, il est de mes Amis.*
> *Je l'ai connu Laquais avant qu'il fust Commis.*
> v. 163.  *C'est un Homme d'honneur, de piété profonde,*
> *Et qui veut rendre à Dieu, ce qu'il a pris au monde.*

v. 160.  Horace. Liv. 1, v. 96, Sat. 4.
> Me Capitolinus convictore usus amicoque
> A puero est : causaque mea permulta rogatus
> Fecit, et incolumis lætor quod vivit in urbe,
> Sed tamen admiror quo pacto judicium illud
> Fugerit. Hic nigræ succus loliginis, hæc est
> Ærugo mera. . . . . . . . . . .

v. 161.  Cet Alidor est Dalibert dont on a déjà parlé. Furetière avoit fait contre luy cette épigramme [2].

v. 163.  C'est du bonhomme Pinet que cela avoit esté dit d'abord, mais très mal à propos, de l'aveu même de l'autheur [3].

> *A Malherbe, à Racan, préférer Théophile,*
> v. 176.  *Et le clinquant du Tasse, à tout l'or de Virgile*

---

(1) Cette allusion à Michel de Marolles, n'est pas signalée dans le commentaire de Brossette.
(2) Brossette parle seulement d'un riche partisan, il le nomme dans le Ms. 15275. Le Verrier nous confirme que c'était Dalibert qui a été surintendant de la maison du Duc d'Orléans. Voici l'épigramme de Furetière (Tallemant. T. V., p. 86) :
> Tandis qu'Alidor fut laquais,
> Il fut soumis, humble et docile,
> Mais quand il eut fait force acquets,
> Il fut rogue, altier, difficile.
> On l'eut pris pour un Roitelet,
> Tant d'orgueil le fit méconnoître.
> Je vois bien que d'un bon valet
> On ne sauroit faire un bon Maître.

(3) Le Verrier nous apprend une application inexacte qui avait été faite de ce vers à Pinet, cependant Brossette (Ms. 15275) cite également, à ce propos, Nicolas Pinette, trésorier de Gaston d'Orléans.

*Satire IX.*      On parle icy d'une dispute que l'autheur eut chez Mad. de Mazarin avec le Duc de Nevers qui préféroit Le Tasse à Virgile [1]. Quelle différence, bon Dieu! Virgile ne s'escarte pas un moment du vray-semblable même dans la fable. L'autre ne s'en aproche presque jamais dans une histoire vraye. Dez l'invocation qui est au commencement de son poëme, il dit à la Vierge qu'il introduit :

> Tu rischiava il mio canto, e Tu pardona
> S'infesso fregi al ver

Voilà une belle manière de disposer son lecteur à croire que tout ce qu'on va luy dire est plein de vérité. L'Arioste en use avec plus de sagesse. Car en racontant les plus grandes absurditez, il leur donne un air de vérité qui, quoique connuës pour fausses, paroissent du moins suportables et comme vray-semblables au lecteur.

> *Un Clerc, pour quinze sous, sans craindre le hola,*
> v. 178.   *Peut aller au Parterre attaquer Attila;*
> 179.   *Et si le Roi des Huns ne lui charme l'oreille,*
> *Traiter de Visigots tous les vers de Corneille.*

C'est à l'Attila que Corneille commença à ne se plus faire connoistre pour le Poëte de qui sont sortis les Horaces, les Cinnas, les Polyeuctes.

> *Et qu'ont produit mes vers de si pernicieux,*
> *Pour armer contre moi tant d'Auteurs furieux ?*
> *Loin de les décrier, je les ay fait paroistre;*
> *Et souvent, sans ces vers qui les ont fait connoistre,*
> *Leur talent dans l'oubli demeureroit caché.*
> v. 198.   *Et qui sçauroit sans moi que Cotin a prêché ?*

Bien des gens nioient que Cotin eust presché, et ne doutoient que tout ce que l'auteur raconte de ses sermons ne fust une fiction toute pure [2].

> *Il a tort, dira l'un, Pourquoi faut-il qu'il nomme ?*
> *Attaquer Chapelain! ah! c'est un si bon Homme.*
> v. 205.   *Balzac en fait l'éloge en cent endroits divers.*
> *Il est vrai, s'il m'eût crû, qu'il n'eût point fait de vers.*
> *Il se tüe à rimer. Que n'écrit-il en prose ?*

---

(1) Il n'est pas question dans Brossette de la dispute de Boileau avec le Duc de Nevers chez Madame de Mazarin au sujet du Tasse et de Virgile.

(2) Boileau, d'après Brossette, appliqua à Cotin ce qu'il avait dit de Cassagne.

*Satire IX.*  Tout cela est raporté mot à mot pour l'avoir entendu dire à Larré, abbé de la Victoire.

> *Voilà ce que l'on dit. Et que dis-je autre chose?*
> v. 209.  *En blâmant ses écrits, ai-je d'un stile affreux,*
>  210.  *Distilé sur sa vie un venin dangereux?*
> *Ma Muse en l'attaquant, charitable et discrette,*
> *Sçait de l'Homme d'honneur distinguer le Poëte.*

Par là M. Arnauld justifioit les escrits de l'autheur [1].

v. 218  *Qu'il soit le mieux renté de tous les beaux Esprits :*

Chapelain avoit 8.000 l. de pension du Roy. C'est ce qui irritoit l'autheur [2]. Il n'a jamais parlé de Chapelain qu'il n'ait cité quelque chose de son poëme de la Pucelle. Voicy ce que j'apris de luy en me faisant cette remarque. C'est la description d'un combat entre un oiseau de proye et.....

> Et bien que d'un long bec il ait le flanc percé,
> Il luy tient le long col de la serre pressé,
> Les Dents, tout luy manquant, dans les pierres il plante
> Mais ton illustre aspect me redouble le cœur,
> Et me le redoublant me redouble la peur [3].

v. 225.  *Quel tort lui fais-je enfin? ai-je par un écrit,*
> *Pétrifié sa veine, et glacé son esprit?*
> *Quand un Livre au Palais se vend et se débite,*
> *Que chacun par ses yeux juge de son mérite :*

Ce trait est pris dans la 1ᵉ satyre de Perse, v. 119.

> Men' mutire nefas, nec clam, nec cum scrobe? Nusquam
> Hic tamen infodiam, vidi, vidi ipse, libelle :
> Auriculas asini quis non habet.

Le sens de Perse est de dire : Il est vray que je fais mal une satyre, mais je fais la guerre aux vices qui règnent dans Rome, et je ne donnerois pas mon petit livre pour toute l'Iliade de Labeon [ny pour la Troade de Néron]. Je feray comme Midas j'auray des oreilles d'asne, et je les cacheray, c'est-à-dire mon livre à la vérité ne vaut pas beaucoup mais je

---

(1) Brossette ne donne pas à ce vers ce petit détail.

(2) Brossette ne dit pas que la pension accordée par le Roi à Chapelain ait suscité la jalousie de Boileau.

(3) Ces vers tendant à ridiculiser le poëme de La Pucelle sont pris dans plusieurs chants de cet ouvrage.

*Satire IX.* me satisferay en l'escrivant, et personne ne le verra. Je le cacheray comme Midas cachoit ses oreilles d'asne. La fable est que Midas avoit préféré la fluste de Pan à la lyre d'Apollon. De là est venu le proverbe qu'un homme a des oreilles d'asne quand il manque de goust. On prétend que Perse avoit mis :

Auriculas asini Mida Rex habet

Et que l'on a changé cet hémistiche de peur que Néron qui avoit composé un poëme intitulé La Troade ne prist cet endroit pour luy [1].

v. 229.   *Que Bilaine l'étale au deuxième Pilier :*

Bilaine estoit un fameux et sçavant libraire qui avoit sa boutique au second pillier de la grand'sale du Palais. C'est là où s'assemblent les plus anciens et les plus célèbres avocats [2].

v. 243.   *La Satire, dit-on, est un métier funeste,*
          *Qui plaist à quelques gens, et choque tout le reste.*

Perrault disoit alors que le genre le plus bas de la poësie, c'estoit la Satyre, et dans le même temps Perrault mettoit sa principale application à composer de sens froid beaucoup d'Elégies amoureuses [3].

          *Quittez ces vains plaisirs, dont l'appas vous abuse :*
          *A de plus doux emplois occupez vostre Muse :*
v. 249.   *Et laissez à Feüillet réformer l'Univers.*

A la mort de Madame Stuart, on appela Feüillet. Il dit à Monsieur qu'il s'engageoit à prouver qu'un Prince commettoit deux millions de péchez dont il ne s'estoit jamais confessé [4].

          *Faudra-t-il de sens froid, et sans estre amoureux,*
v. 262.   *Pour quelque Iris en l'air, faire le langoureux ;*
          *Lui prodiguer les noms de Soleil et d'Aurore,*
          *Et toûjours bien mangeant mourir par métaphore ?*

Dans le temps que Perrault tâchoit de rabaisser la satire, il avoit fait une Elégie à Iris. Elle commence par ces deux vers :

---

(1) La citation de Perse est relevée par Brossette, mais la note explicative est tout autre.

(2) Le Verrier nous apprend que les plus anciens et célèbres avocats se réunissaient chez le libraire Bilaine.

(3) Cette allusion à l'opinion de Ch. Perrault n'est pas relevée dans le commentaire de Brossette.

(4) Brossette ne parle pas de ce mot de Feüillet.

*Satire IX.*

Je viens, cruelle Iris, les yeux baignez de larmes
Me jetter à vos pieds, et vous rendre les armes [1].

v. 275.  *C'est ainsi que Lucile appuyé de Lélie,*
*Fit justice en son temps des Cotins d'Italie,*

Perse. Sat. 1, v. 114.

. . . . . . Secuit Lucilius Urbem,
Te Lupe, te Muti, et genuinum fregit in illis
Omne vafer vitium ridenti Flaccus amico
Tangit, et admissus circum præcordia ludit,
Callidus excusso populum suspendere naso.

*Cotin à ses Sermons traînant toute la terre,*
v. 292.  *Fend les flots d'Auditeurs pour aller à sa chaire.*

Un jour on disputoit dans une compagnie pour sçavoir si en effet l'abbé Cotin avoit presché quelquefois ou s'il n'avoit jamais presché. Une personne qui estoit de la conversation assura que cet abbé preschoit souvent, et qu'il y alloit beaucoup de monde, à telle enseigne qu'à son dernier sermon il y avoit trois grands chiens qui se battoient au pied de sa chaire [2].

v. 305.  *Qui méprise Cotin, n'estime point son Roi,*
*Et n'a, selon Cotin, ni Dieu, ni foi, ni loi.*

Cotin avoit fait contre l'autheur quelques ouvrages où il l'accusoit de lèze majesté divine et humaine.

*Mais quoi ? répondrez-vous : Cotin nous peut-il nuire ?*
*Et par ses cris enfin que sçauroit-il produire?*
*Interdire à mes vers, dont peut-estre il fait cas,*
v. 310.  *L'entrée aux pensions, où je ne prétens pas?*

Il n'y a guère d'autheur qui ait parlé sur ce ton. Je ne sçay même s'il y en a jamais eu.

v. 312.  *Non, pour loüer un Roi, que tout l'Univers loüe,*
313.  *Ma langue n'attend point que l'argent la dénoüe;*

On ne peut lire deux vers ny plus beaux ny plus flateurs que ceux-cy.

---

(1) Cette élégie a paru pour la première fois dans les Délices de la poésie galante, II^e partie, 1664, et dans le Nouveau recueil de pièces choisies, Gabriel Quinet, 1664. Brossette ne dit pas que Boileau la visait particulièrement.

(2) Cette anecdote racontée certainement par Boileau à Le Verrier prouve avec quelle ténacité le poète ne cessait sous toutes les formes de manifester ses rancunes.

# SATIRE X

Cette satire avoit esté commencée il y a près de trente ans et l'autheur se trouvant harcelé par les volumes que Perrault enfantoit contre luy, las d'ailleurs de répondre à son Aristarque par des traits de satire, s'avisa d'achever cette satire pour le peindre plus à son aise sous le voile et sous la coëffe d'une femme qu'il introduit dans cette pièce. Il l'acheva en mil six cens quatre-vingt-douze à l'âge de cinquante-cinq ans. D'abord elle fit un esclat surprenant dans le monde. Tous les gens d'esprit s'empressoient pour l'entendre réciter à l'autheur qui estoit alors à Auteüil. Mʳ Daguesseau, le Procureur général, en retint deux cens cinquante vers dez la première fois qu'il l'entendit réciter, et l'abbé de Caumartin qui estoit de la partie, en retint presque autant de son costé, marque certaine que cette pièce est frappée au bon coin. Sur tout ce qui charma tous les honnestes gens qui l'entendirent, et c'est ce qui leur plaist encore aujourd'huy, ce fut de voir que dans une matière si délicate à traiter, l'autheur avoit évité non seulement les idées, mais encore les manières de parler dont Juvénal a sali la satire qu'il nous a laissée sur le même sujet [1].

> *Enfin bornant le cours de tes galanteries.*
> *Alcippe, il est donc vrai, dans peu tu te maries.*
> v. 3.    *Sur l'argent, c'est tout dire, on est déjà d'accord.*
> *Ton Beaupère futur vuide son coffre-fort :*

C'est ainsy que se font aujourd'huy les mariages. On ne regarde point si les personnes se conviennent. Dez qu'on est d'accord sur la dot, le mariage est conclu.

> *Quelle joye en effet, quelle douceur extrême!*
> *De se voir carressé d'une Épouse qu'on aime :*
> v. 11.    *De s'entendre appeller petit Cœur, ou mon Bon;*

---

(1) Les détails renfermés dans cette note ne sont pas dans le commentaire de Brossette, particulièrement ceux relatifs à Mʳ d'Aguesseau et à l'abbé de Caumartin. Brossette fixe la date de composition de la Satire X à 1693, Le Verrier donne 1692 comme Berriat-Saint-Prix.

*Satire X.*     Mad. Colbert appeloit son mary « Mon Bon ». C'est elle que notre autheur attaque icy. A propos de ces noms ridicules dont quelques maris et quelques femmes se sont fait présent dez les premiers jours de leurs mariages, je luy ay entendu faire ce conte. Un officier du Parlement fut taxé. Il refusa de paier sa taxe. On le mit en prison. Le Premier Président de Lamoignon le fit sortir et le gronda d'estre si rétif. L'officier luy dit que pour luy il auroit volontiers paié, mais que Baboinette ne le vouloit pas. On expliqua au Premier Président que Baboinette estoit la femme de cet officier. A quelques jours de là Baboinette vint parler de la même affaire au Premier Président qui l'ayant grondée à son tour de sa félonnie, elle luy avoüa qu'elle avoit régimbé contre la taxe, mais qu'elle ne l'avoit fait que parce que Fanfan estoit au désespoir de se voir si cruellement taxé. Le Premier Président remist du mieux qu'il put l'esprit de cette femme sur l'affliction de son mary. Et un jour l'autheur faisant ce conte devant un de ses voisins appellé La Guerre, amy de musique de Puy-morin, le musicien applaudit fort au ridicule que l'autheur donnoit à Fanfan et à Baboinette et il s'écria : ah si Dada sçavoit ce conte-là. C'estoit sa femme [1].

> *Mais quoy, je voy déjà que ce discours t'aigrit.*
> *Charmé de Juvénal, et plein de son esprit*
> *Venez-vous, diras-tu, dans une pièce outrée,*
> v. 26     *Comme luy nous chanter : Que dès le temps de Rhée*
> et suivants. *La Chasteté déjà, la rougeur sur le front,*
> *Avoit chés les Humains receu plus d'un affront :*
> *Qu'on vit avec le fer naistre les Injustices,*
> *L'Impiété, l'Orgueil, et tous les autres Vices,*
> *Mais que la Bonne foy dans l'amour conjugal*
> *N'alla point jusqu'au temps du troisième Métal?*

Il n'y a personne qui ne sache que Juvénal a fait une satire contre les Femmes et que c'est son plus bel ouvrage. Il n'y a personne non plus qui ignore que ces huit vers que l'autheur met icy ne soient imitez de cette satire.

Juvénal, vers 23.

> Omne aliud crimen mox ferrea protulit œtas
> Viderunt primos argentea sœcula Mœchos.

> *Mais je vous dirai, moi, sans alléguer la fable,*
> *Que si sous Adam mesme, et loin avant Noé,*
> *Le Vice audacieux des Hommes avoüé*

---

[1] La note de Le Verrier confirme celle de Brossette mais elle est complétée par une anecdote amusante et inédite.

*Satire X.*

*A la triste Innocence en tous lieux fit la guerre,*
*Il demeura pourtant de l'honneur sur la Terre :*
v. 39.  *Qu'aux temps les plus féconds en Phrynés, en Lays,*
*Plus d'une Pénélope honora son pays ;*

Phryné estoit une fameuse courtisane d'Athènes, laquelle ayant esté accusée, fut deffendüe par Hypéride et cet orateur s'apercevant que son discours ne touchoit point ses juges, s'avisa de déchirer la veste de cette Fille. C'est une histoire connüe de tout le monde, et que Quintilien rapporte liv. 2, ch. 15 de son Instit orat :

Et Phrynen non Hyperidis actione, quamquam admirabili, sed conspectu corporis, quod illa, speciosissima alioqui, diducta nudaverat tunica, putant periculo liberatam.

Lais, courtisane de Corinthe, mais si belle qu'elle estoit recherchée de toute la Grèce. Personne n'avoit ses bonnes grâces qu'en luy donnant tout ce qu'elle demandoit. De là est venu le proverbe « qu'il n'est pas permis à tout le monde d'aller à Corinthe ». Démosthènes attiré par le bruit de la beauté de cette Fille alla la trouver. Elle luy demande un talent. Cette demande le fit rentrer en luy-même. Il se retira et il dit : Je n'ai garde d'achepter si cher un repentir. Nous n'avons plus de Lais pour la beauté, mais Paris en est plein du costé de l'argent et je ne trouve guères de Démosthènes[1].

*Et que mesme aujourd'hui, sur ces fameux modèles,*
*On peut trouver encor quelques Femmes fidèles.*
*Sans doute ; et dans Paris, si je sçay bien compter,*
v. 44.  *Il en est jusqu'à Trois que je pourois citer.*
*Ton Epouse dans peu sera la quatrième.*
*Je le veux croire ainsi : . . . . . .*

Il en est jusqu'à trois que je pourois citer. Presque toutes les Dames ont pris ce vers à la lettre, et s'en sont offensées. Mais elles n'ont pas pris garde que c'est une figure.

*. . . . . . . Mais la Chasteté mesme,*
*Sous ce beau nom d'Epouse, entrast-t-elle chés toy ;*
*De retour d'un voyage en arrivant, croy moy,*
v. 49.  *Fais toûjours du logis avertir la Maistresse.*
50.  *Tel partit tout baigné de pleurs de sa Lucrèce ;*

_____

(1) Cette note est plus étendue que celle du commentaire de Brossette.

> *Qui faute d'avoir pris ce soin judicieux,*
> *Trouva. Tu sçais... Je sçai que d'un conte odieux*
> *Vous avez comme moi sali vostre mémoire.*

Tout le monde connoist l'histoire de Joconde [1], surtout depuis que La Fontaine l'a contée avec tant d'art et tant d'agrément. Il disoit de luy-même qu'il n'entroit jamais dans une maison qu'il ne toussast dès la première porte [2].

> *A quels discours malins le Mariage expose.*
> *Je sçai, que c'est un texte où chacun fait sa glose :*
> *Que de Maris trompez tout rit dans l'Univers,*
> *Epigrammes, Chansons, Rondeaux, Fables en vers,*
> *Satire, Comédie : et sur cette matière,*
> v. 66.　*J'ay veu tout ce qu'ont fait la Fontaine et Molière :*

On ne peut assez blâmer ces deux autheurs sur la liberté qu'ils se sont donnée d'exposer aux yeux du public des choses dont la pudeur ne permet pas même que l'on s'entretienne en particulier. Je ne sçay pas ce que Molière pensoit des contes de La Fontaine, mais pour celui-ci que j'ay fort connu, il estoit indigné contre certains caractères que Molière a mis sur le théâtre. Que ne disoit-il point des équivoques de ce poëte comique et avec quelle indignation [3] parloit-il du ruban d'Agnès. Pourquoi l'un et l'autre n'ont-ils pas gardé dans leurs escrits la modestie qu'ils avoient dans leurs conversations. Après cette réflexion, on ne peut assez loüer nostre autheur d'avoir parlé des femmes et de leurs caractères sans avoir donné la moindre ataque à la modestie [4].

> *J'ay leu tout ce qu'ont dit Villon et Saint-Gelais,*
> *Arioste, Marot, Bocace, Rabelais,*
> v. 69.　*Et tous ces vieux Recueils de Satires naïves*
> 70.　*Des malices du Sexe immortelles archives.*

---

(1) On ne connaît en vers français que la traduction du conte de Joconde par Bouillon et l'imitation de ce même conte par La Fontaine. La première traduction française, également en vers, non mentionnée jusqu'ici, est celle du poète Estienne Durand qui subit le supplice de la roue le 19 juillet 1618. Elle a paru vers 1611 dans son livre d'amour pour sa cousine, la belle Marguerite de Fourcy, maréchale d'Effiat ; ce livre d'amour auquel il a donné le titre de « Méditations de E. D. », plus de deux cents ans avant Lamartine, a été imprimé sous le manteau s. n. de lib. ni d'impr. et s. d. Il n'en existe plus qu'un exemplaire (ex meis).

(2) Cette petite particularité relative à La Fontaine est nouvelle.

(3) Le Verrier avait d'abord écrit « mépris ».

(4) Le récit de Le Verrier relatant l'opinion de La Fontaine sur certaines comédies de Molière est à retenir aussi bien que la réserve apportée par le fabuliste dans sa conversation. Ce sont là des miettes à recueillir pour l'histoire littéraire.

*Satire X.*    Il entend parler des contes de la Reine de Navarre, dont la naïveté cache un poison qui gagne aisément le cœur des jeunes gens.

> *Je suis las de me voir les soirs en ma maison*
> *Seul avec des Valets, souvent voleurs et traistres,*
> v . 94.    *Et toûjours, à coup seur, ennemis de leurs Maistres.*

Ce vers révolta les valetz de nostre autheur. Ils s'assemblèrent et luy remontrèrent qu'ils le servoient tous avec une affection et une fidélité dont il devoit estre satisfait. Cependant qu'il venoit de les diffamer d'un coup de son art. Il ne leur donna pas le temps d'achever. Il connut bien leur révolte, et il leur dit, vous estes des fous. Ce n'est point de vous en particulier que j'ay parlé. Je n'ay fait qu'exprimer en général par un vers un bon mot de Platon qui dit que les valetz sont toujours ennemis de leurs maistres. Il appaisa par là cette petite révolte domestique. Mais nostre autheur n'expliqua pas toute la pensée de ce sage Philosophe. Car s'il assure que les valetz sont toujours ennemis de leurs maistres, il assure aussy que les maistres n'aiment pas fort leurs valetz. La raison qu'il en rend, c'est qu"l n'y a que l'égalité qui puisse entretenir l'amitié [1].

De Leg. lib. 6 page 858. Edit. Francf.

Δοῦλοι γὰρ ἂν καὶ δεσπόται οὐκ ἄν ποτε γένοιντο φίλοι

> *Je ne me couche point, qu'aussi-tost dans mon lit*
> *Un souvenir fascheux n'apporte à mon esprit*
> v . 97.    *Ces histoires de morts lamentables, tragiques,*
> *Dont Paris tous les ans peut grossir ses Chroniques.*

Blandin et du Rousset [2] ont composé chacun une histoire tragique de ce qui estoit arrivé de leur temps ou avant eux dans Paris.

> *Nous naissons, nous vivons pour la société.*
> *A nous-mesmes livrez dans une solitude,*
> *Nostre bonheur bien-tost fait nostre inquiétude ;*
> *Et si, durant un jour, nostre premier Ayeul*
> v . 104.    *Plus riche d'une côte avoit vescu tout seul,*

Plus riche d'une coste. Personne n'ignore qu'Eve fut tirée d'une coste d'Adam.

> *C'est ainsi que souvent la main de Dieu l'assiste,*
> v . 118.    *Ha bon ! voilà parler en docte Janséniste,*

---

[1] Ce petit récit n'est pas dans le commentaire de Brossette, il montre avec quelle minutie Le Verrier accueillait les moindres explications du satirique et la complaisance avec laquelle ce dernier lui narrait les incidents provoqués par ses vers.

[2] Du Rousset n'est autre que de Rosset.

*Satire X.*　L'autheur prépare dès ce vers la transition qui lui est nécessaire pour passer au caractère qui suit.

v. 120.　*Desmares, dans saint Roch, n'auroit pas mieux prêché.*

Desmares avoit esté Père de l'Oratoire, mais il ne l'estoit plus dans le temps qu'il preschoit un carême à S<sup>t</sup> Roch. Ce fut le dernier carême qu'il prêcha. Tout Paris y alloit en foule. Son nom et son mérite ne sont ignorés de personne. Cependant j'ai oüy dire à La Fontaine que pendant qu'il portoit le petit collet à l'Oratoire, car il y a esté 18 mois, il passoit sa vie avec Desmares qui estoit d'une si affreuse retraite que ses confrères mesmes ne connoissoient pas ce qu'il valoit. La Fontaine disait : Desmares vouloit m'enseigner la Théologie, ils ne le voulurent pas. Ils crurent qu'il ne pourroit me l'enseigner ny moy que je pourrois l'apprendre. Mais à quoy passiez-vous donc la journée. Desmares s'amusoit à lire son Saint-Augustin et moy mon Astrée [1].

> *De quel air penses-tu, que ta Sainte verra*
> *D'un spectacle enchanteur la pompe harmonieuse,*
> *Ces danses, ces Héros à voix luxurieuse;*
> *Entendra ces discours sur l'amour seul roulans,*
> v. 136.　*Ces doucereux Renauds, ces insensez Rolands:*
> *Sçaura d'eux qu'à l'amour comme au seul Dieu suprême,*
> *On doit immoler tout, jusqu'à la vertu même.*
> *Qu'on ne sçauroit trop tost se laisser enflammer :*
> *Qu'on n'a receu du Ciel un cœur que pour aimer :*
> *Et tous ces lieux communs de Morale lubrique*
> *Que Lully réchauffa des sons de sa musique?*

Ce sont deux opéra de Quinaut à qui nostre autheur reproche sa pernicieuse morale. Car ce misérable Poëte a jetté dans ses opéra des maximes détestables. En voicy une, et combien en a-t-il débité de semblables :

> Il faut souvent pour devenir heureux
> Qu'il en couste un peu d'innocence

Ce qu'il y a encore de ridicule, c'est qu'il met cette belle maxime dans la bouche d'un chœur dont l'unique fonction est de célébrer la vertu et de blasmer le vice [2].

---

(1) Toute la partie de cette note relative à Desmares et qui met en cause La Fontaine n'est pas dans le commentaire de Brossette. C'est cependant la plus intéressante.

(2) Brossette a cité les mêmes vers de l'opéra d'Atis, mais il s'est abstenu avec raison de montrer la belle indignation de Le Verrier, ce dernier a été ici encore l'interprète de la rancune de Boileau contre Quinault.

Satire X.

> *Mais de quels mouvemens dans son cœur excités*
> *Sentira-t-elle alors tous ses sens agités?*
> *Je ne le répons pas, qu'au retour moins timide,*
> v. 146. *Digne Ecolière enfin d'Angélique et d'Armide,*
> *Elle n'aille à l'instant pleine de ces doux sons,*
> *Avec quelque Médor pratiquer ces leçons.*

Nostre autheur veut parler de deux opéra, sçavoir celuy de Roland et celuy d'Armide. Quinault y peint la volupté comme une vertu, par le caractère qu'il donne à Angélique et à Médor. L'Arioste, au contraire, tout Arioste qu'il est, peint la volupté sous les mêmes personnages, mais il se donne bien garde de donner un air de vertu à la volupté.

> *D'abord tu la verras, ainsi que dans Clélie,*
> *Recevant ses Amans sous le doux nom d'Amis,*
> v. 160. *S'en tenir avec eux aux petits soins permis :*
> *Puis, bien-tost en grande eau sur le fleuve de Tendre,*
> *Naviguer à souhait, tout dire, et tout entendre.*

Trait de satire contre les termes ordinaires que l'on trouve dans les romans de Mlle de Scudéry.

> v. 171. *Nous la verrons hanter les plus honteux brelans*
> *Donner chez la Cornu rendez-vous aux Galans;*

Il est certain qu'il y a des Femmes qui passent leur vie en des lieux où on tient brelan public. Il y a même des Femmes de condition qui tiennent brelan à qui on paye une certaine somme avant de se mettre au jeu, chez qui on soupe, où l'on parle aussy librement qu'au cabaret, et à qui chacun paye en quelque manière son escot avant que de se mettre au jeu. [1]

> *De Phèdre dédaignant la pudeur enfantine,*
> v. 174. *Suivre à front découvert Z... et Messaline.*

Tout le monde sçait les excez abominabies de la Femme de qualité dont l'autheur raconte icy l'histoire en abrégé [2].

> *Dans sa chambre, croy-moi, n'entre point tout le jour.*
> *Si tu veux posséder ta Lucrèce à ton tour;*

---

(1) Brossette ne donne pas ici ces détails sur le rôle de certaines femmes de la société du xviie siècle.

(2) Le Verrier a écrit en marge au crayon en face du vers 174 : D'Olonne, Courcelles, La Baume. Brossette ne cite pas ces noms à ce vers, il reste dans les généralités.

Satire X.        v. 197.    *Atten, discret Mari, que la Belle en cornette*
                            *Le soir ait étalé son teint sur la toilette,*
                            *Et dans quatre mouchoirs, de sa beauté salis,*
                            *Envoye au Blanchisseur ses roses et ses lys.*

Quand on considère en quoy consiste aujourd'huy la beauté de la pluspart des femmes, on ne peut s'empêcher d'en sentir tout le ridicule. Soiez assez favorisé pour estre admis à leur toilette. Vous verrez que leur coëffure est composée comme un ouvrage de marqueterie. Ce sont toutes pièces de raport. Leur teint et leur peau n'ont d'autres lis ny d'autres roses que ce qui leur en vient par artifice. Combien d'eaux, combien de pommades, combien de rouge. Vous voyez, en effet autour d'elles plusieurs mouchoirs qui sont teints de toutes ces beautez empruntées. Ostez tout cela, vous estes tout surpris que vous ne reconnoissez plus la même personne que vous aviez veuë auparavant [1].

                 *Alors, tu peux entrer : mais sage en sa présence*
                 *Ne va pas murmurer de sa folle dépense.*
        v. 203.   *D'abord l'argent en main paye et viste et comptant.*
                 *Mais non, fay mine un peu d'en estre mécontent,*
                 *Pour la voir aussi-tost sur ses deux piés haussée*
                 *Déplorer sa vertu si mal récompensée.*

Je connois une Dame de condition, dont les défauts ne peuvent jamais trouver place dans la satire, et dont les vertus sont dignes de l'admiration des hommes. Cette Dame accoutuméé dès sa jeunesse à joüer gros jeu continua son jeu dans les commencements de son mariage. Dès qu'elle avoit perdu, son Mary, l'Homme du monde le plus vertueux et le plus sage, avoit soin de paier exactement ses dettes, sans se plaindre de rien. Enfin cette Dame dont la sagesse a toujours réglé la conduite fit cette réflexion : J'aime mon mary et j'en suis tendrement aimée; cependant je ne le voye point, parce que je rentre chez moy quand il est endormy et de mon costé je suis dans les bras du sommeil, lorsqu'il se lève. Il ne se plaint point. Bien loin de là il paie mes dettes sans murmurer de mon jeu. Il faut qu'il y ait quelque chose à redire à ma conduite. Elle reconnut sa faute. Elle l'avoüa à son mary. Elle quitta le jeu pour toute sa vie. Heureux les maris qui ont une femme si sage et si vertueuse. Mais qu'il est rare d'en trouver de ce caractère [2].

---

(1) Cette tirade d'un financier vertueux montre que l'exemple de Boileau était contagieux.
(2) Le Verrier n'a pas mis en marge au crayon comme il l'a fait quelquefois le nom de son héroïne, et cette lacune ôte tout intérêt à son récit.

Satire X.

> *Hé que seroit-ce donc, si le Démon du jeu*
> *Versant dans son esprit sa ruineuse rage,*
> *Tous les jours mis par elle à deux doigts du naufrage*
> *Tu voyois tous tes biens au sort abandonnés*
>
> v. 220. *Devenir le butin d'un pique ou d'un sonnés!*

Pique est un terme de jeu appellé piquet. Sonnés est un terme de trictrac.

> *Ou, querellant tout bas le Ciel qu'elle regarde,*
> *A la Beste gémir d'un Roy venu sans garde.*
>
> v. 235. *Chés elle en ces emplois, l'Aube du lendemain*
> *Souvent la trouve encor les cartes à la main.*

Il entend parler de la Présidente Pâris chez qui on passoit toutes les nuits au jeu [1].

> *Que si la famélique et honteuse Lézine*
> *Venant, mal à propos, la saisir au collet,*
> *Elle te réduisoit à vivre sans valet,*
> *Comme ce Magistrat de hideuse mémoire*
>
> v. 254. *Dont je veux bien ici te crayonner l'histoire.*

C'est Tardieu, lieutenant criminel de Paris.

> *Ches lui deux bons chevaux de pareille encolûre*
> *Trouvoient dans l'écurie une pleine pasture,*
> *Et du foin, que leur bouche au râtelier laissoit,*
>
> v. 264. *De surcroist une mule encor se nourrissoit.*

Il parle d'une mule, parce que les Lieutenans criminels de Paris estant obligez par leur charge d'estres présens aux exécutions, avoient accoutumé d'y aller sur une mule.

> v. 266. *Mais cette soif de l'or qui le brusloit dans l'âme*
> *Le fit enfin songer à choisir une Femme;*
> *Et l'honneur dans ce choix ne fut point regardé.*
> *Vers son triste penchant son naturel guidé*
> *Le fit dans une avare et sordide famille*
> *Chercher un monstre affreux sous l'habit d'une fille,*

(1) Brossette ne donne pas le nom de la Présidente Pâris dans son commentaire.

> *Et sans trop s'enquérir d'où la Laide venoit,*
> *Il sçût, ce fut assés, l'argent qu'on lui donnoit.*
> *Rien ne le rebuta ; ni sa veuë éraillée*
> *Ni sa masse de chair bizarrement taillée ;*
> *Et trois cens mille francs avec elle obtenus*
> *La firent à ses yeux plus belle que Vénus.*

Cette femme, ou plustost ce monstre s'appelloit Ferrier. Elle estoit fille d'un fameux ministre de la Religion protestante en Languedoc. Le Cardinal de Richelieu le gagna à force d'argent, et il mourut catholique. Le portrait que fait icy nostre autheur de cette femme hideuse est horrible, mais cependant il l'a plustost diminué qu'il ne l'a chargé.

> v. 293.  *Un vieux Valet restoit, seul chéri de son Maistre,*
> *Que toûjours il servit, et qu'il avoit veu naistre,*

Ce misérable valet s'appelloit des Bordes qui en partie par le moien de son industrie, et en partie par le moien des présens qu'on luy faisoit pour aborder son maistre, avoit amassé quelque argent.

> v. 345.  *Nouveau Prédicateur aujourd'hui, je l'avouë,*
> *Ecolier, ou plûtost singe de Bourdaloüe,*
> *Je me plais à remplir mes sermons de portraits.*

Le fameux Bourdaloüe, Jésuite, remplit ses sermons de portraits, et cette satire en est pleine. Nostre autheur en la faisant a quitté le modelle d'Horace et de Juvénal pour prendre celuy de Molière. Tous ses amis luy en dirent leur sentiment avant que cette pièce parust, mais Racine fut celuy qui s'esleva le plus contre cette manière moderne [1].

> *Laisse-t-elle un moment respirer son Epoux?*
> *Ses valets sont d'abord l'objet de son courroux,*
> *Et sur le ton grondeur, lorsqu'elle les harangue,*
> v. 358.  *Il faut voir de quels mots elle enrichit la Langue.*

Il est vray que quand une femme est en colère, elle trouve pour l'exprimer des termes et des manières de parler qui ne se trouvent que dans leurs bouches [2].

---

(1) Dans sa note, Brossette ne parle pas de l'opinion de Racine, il se borne à donner quelques détails sur Bourdaloue.

(2) Le Verrier avait écrit au crayon, dans la marge, les mots suivants : Frelampier, riande, rabacher, myjorée, pecque, bacoule, épétier.

Brossette a vu dans les vers 355 et suivants le portrait de la belle-sœur du satirique, femme de Jérôme Boileau, son frère aîné, interprétation contre laquelle Berriat-Saint-Prix a protesté, mais nous devons reconnaître qu'au sujet des membres de la famille du poète, Le Verrier et Boileau lui-même ont souvent confirmé les allégations de Brossette, comme le montre plus loin le vers 395.

*Satire X.*
> *Tu crains peu d'essuyer cette étrange furie.*
> *En trop bon lieu, dis-tu, ton Epouse nourie*
> *Jamais de tels discours ne te rendra martyr.*

v. 364.   *Mais eut-elle sucé la raison dans Saint Cyr,*

Tout le monde sçait que St Cyr est une maison près Versailles dont Mad. de Maintenon est la Fondatrice, et où on élève un grand nombre de jeunes Demoiselles jusqu'à ce qu'elles aient pris ou le parti de s'y faire Religieuses, ou de se marier.

> *Combien n'a-t-on point veu de Belles aux doux yeux,*
> *Avant le mariage, Anges si gracieux,*
> *Tout à coup se changeant en Bourgeoises sauvages,*
> *Vrais Démons, apporter l'Enfer dans leurs ménages,*
> *Et découvrant l'orgueil de leurs rudes esprits,*

v. 372.   *Sous leur fontange altière asservir leurs Maris?*

Fontange. C'estoit un nœud de ruban dont les femmes se servoient pour attacher leurs coëffures. Ce nœud se mettoit justement au-dessus de la teste vers la pointe des cheveux qui font le milieu du front, et il avoit pris son nom de M^elle de Fontange dont la beauté et les amours ne sont ignorez de personne.

> *Et puis, quelque douceur dont brille ton Epouze,*
v. 374.   *Penses-tu, si jamais elle devient jalouze,*
> *Que son âme livrée à ses tristes soupçons,*
> *De la raison encor écoute les leçons?*

L'autheur entend parler de la femme d'un officier du Roy appellé Marchand. Cette femme estoit de Bordeaux, et dans ses fureurs de jalousie, elle se portoit à tous les excez dont il parle icy. L'objet de la jalousie estoit M^elle Leuffroy, la plus fameuse écolière de Lambert [1].

> *Alors, Alcippe, alors, tu verras de ses œuvres.*
> *Résou-toi, pauvre Epoux, à vivre de couleuvres :*
> *A la voir tous les jours, dans ses fougueux accez,*
> *A ton geste, à ton rire intenter un procez :*
v. 381.   *Souvent de ta maison gardant les avenuës,*
> *Les cheveux hérissez, t'attendre au coin des ruës :*

---

[1] Le Verrier a vu ici une allusion précise et il a écrit le nom de la personne visée ; Brossette, au contraire, dit qu'il s'agit d'un caractère général. Sur Marchand : voir Brossette, Ns. 15275 et Berriat-Saint-Prix, T. IV, p. 207, note 4.

9

*Satire X.*    Le Verrier a écrit, en marge, au crayon : contre la Leuffroy.

> *Et par tout où tu vas, dans ses yeux enflammés*
v. 385.   *T'offrir, non pas d'Isis la tranquille Euménide,*

Il y a dans l'opéra d'Isis une Furie qui ne fait presque pas la moindre démarche.

v. 386.   *Mais la vraye Alecto peinte dans l'Enéide,*

C'est dans le 7ᵉ livre de l'Enéide, v. 341.
> Exin Gorgoneis Alecto infecta venenis
> Principio Latium, et Laurentis tecta Tyranni
> Celsa petit, tacitumque obsedit limen Amatæ,
> Quam super adventu Tencrum, Turnique hymenœis
> Fœminœ ardentem curæque iræque coquebant.

> *T'accommodes-tu mieux de ces douces Ménades,*
> *Qui dans leurs vains chagrins sans mal toûjours malades,*
v. 395.   *Se font des mois entiers sur un un lit effronté*
> *Traiter d'une visible et parfaite santé,*
> *Et douze fois par jour dans leur molle indolence,*
> *Aux yeux de leurs Maris tombent en défaillance?*

Nostre autheur entend parler de sa belle-sœur qui sur le soupçon qu'elle avoit qu'on vouloit luy donner quelque chagrin à quoy l'on ne songeoit pas, se mettoit au lit, faisoit la malade, et par la force de l'imagination, se donnoit des convulsions si outrées, que ceux qui ignoroient son jeu, croyoient qu'elle alloit mourir. Reinsant, ce fameux médecin originaire de Rheims fut un jour appellé pour la voir en cet estat. Il luy tasta le poux fort longtemps avant que de rien dire. Mais enfin il dit qu'il y avoit là quelque chose de bizarre, et que seurement il n'y avoit aucune maladie. Perrault le médecin qui estoit du complot de la fausse malade, arriva dans ce moment là. Il parla à Reinsant, et tous deux s'en allèrent. Cette vile complaisance de Perrault est en partie cause de tout ce que l'autheur a escrit contre luy. Tourbier, le chirurgien, fut mandé pour la saigner sans luy parler des médecins, mais après avoir examiné cette feinte maladie, il ne voulut point faire la saignée qu'on luy demandoit [1].

---

[1] Le Verrier confirme pleinement la note de Brossette sur le portrait que Boileau a fait ici de sa belle-sœur, la femme de Jérôme Boileau, il y ajoute un petit détail relatif à l'animosité du satirique contre Perrault et met en scène le chirurgien Tourbier dont Brossette ne parle pas. Berriat-Saint-Prix s'est donc trompé du tout au tout en se refusant à croire que Boileau ait exercé sa verve contre sa propre famille.

*Satire X.*    Au reste l'épithète d'effronté est prise de Regnier, c'est un de ses bons mots favoris, et il n'a guères fait de satires où il ne l'ait employé.

> *Mais ne nous fâchons point. Peut-estre avant deux jours,*
> v. 412.   *Courtois et Denyau mandés à son secours,*
> *Digne ouvrage de l'Art dont Hippocrate traite,*
> *Lui scauront bien oster cette santé d'Athlète :*

Courtois et Deniau, deux fameux médecins que Molière a célébrez [1].

> *Pour consumer l'humeur qui fait son embonpoint,*
> *Lui donner sagement le mal qu'elle n'a point,*
> v. 417.   *Et fuyant de Fagon les maximes énormes,*
> *Au tombeau mérité la mettre dans les formes.*

Fagon, premier médecin du Roy et homme de beaucoup d'esprit [2].

> *Mais à quels vains discours est-ce que je m'amuse?*
> *Il faut sur des sujets plus grands, plus curieux,*
> *Attacher de ce pas ton esprit et tes yeux.*
> v. 425.   *Qui s'offrira d'abord? Bon, c'est cette Sçavante*
> *Qu'estime Roberval, et que Sauveur fréquente.*
> *D'où vient qu'elle a l'œil trouble, et le teint si terni?*
> *C'est que sur le calcul, dit-on, de Cassini,*

C'est constamment de Mad. de La Sablière que l'autheur parle icy. Elle passoit une partie de sa vie avec les gens les plus polis de la Cour et de la Ville, l'autre partie avec des Physiciens, des Mathématiciens, et des Astronomes. Roberval estoit de ses amis, Sauveur dont le solide génie est si connu, et que le Roy a choisi par distinction pour enseigner les mathématiques aux Princes estoit un des maistres de cette illustre Femme [3].

Cassini, italien de nation a esté appellé à Paris du temps du Ministre Colbert qui luy fit donner la direction de l'Observatoire. Ausout en conceut une si grande jalousie qu'il quitta la France pour se retirer à Rome où il est mort.

Voir Juvénal. Sat. 6, v. 183.

---

(1) Le Verrier ajoute à la note de Brossette que ces deux médecins ont été célébrés par Molière.
(2) Le Verrier nous apprend que Fagon avait beaucoup d'esprit.
(3) Brossette nous avait appris seulement les initiales du nom de la « savante » : Mad. de L. S. Le Verrier écrit Mad. de La Sablière, le doute émis à ce propos par Berriat-Saint-Prix n'a plus de raison d'être.

*Satire X.*                      *Un astrolabe en main, elle a dans sa goûtière*
   v . 43o .      *A suivre Jupiter passé la nuit entière.*

Bernier ayant sçeu que les satellites de Jupiter paroissoient alla
éveiller Mad. de La Sablière pour la conduire à l'Observatoire. Et comme
elle tardoit un peu : Eh! prenez promptement vos coëffes, luy dit-il, si
nous ne partons viste, les satellites s'en iront [1].

           *Gardons de la troubler. Sa science, je croy,*
           *Aura pour s'occuper ce jour plus d'un employ.*
           *D'un nouveau microscope on doit en sa présence*
   v . 434 .      *Tantost chez Dalancé faire l'expérience;*

Dalancé estoit un physicien dans les principes de Des Cartes. Mme de
La Sablière alloit souvent chez luy pour luy voir faire ses expériences [2].

           *Puis d'une femme morte avec son embryon,*
   v . 436 .      *Il faut chez Du Vernay voir la dissection.*

Du Vernay n'a pas besoin qu'on dise qui il est. Il n'y a point de
Physicien qui ne connoisse le nom et le mérite de ce fameux médecin. Le
Roy l'entretient au Jardin royal à Paris où il enseigne publiquement
l'Anatomie. Il l'enseigne aussy en particulier aux Personnes qui luy
conviennent. Peut-estre que jamais aucun Anatomiste n'a plus approfondi
cette matière. Du moins jamais personne n'en a mieux parlé ny mieux
escrit. Mme de La Sablière alloit souvent entendre ses leçons, et j'ay esté
assez heureux pour faire avec luy deux cours d'anatomie. Il connoist non
seulement les parties du corps humain, mais encore il en connoist tous
les usages en vray Philosophe [3].

           *Rien n'échappe aux regards de nostre Curieuse.*
   v . 438 .      *Mais qui vient sur ses pas? C'est une Précieuse,*
           *Reste de ces Esprits jadis si renommez*
           *Que d'un coup de son art Molière a diffamez.*

Nostre autheur peint icy Mlle Du Pré et sous ce masque coëffé, il

---

(1) Le Verrier nous paraît expliquer beaucoup plus vraisemblablement que Brossette l'allusion
de Boileau, mais il est difficile de se prononcer entre les deux commentateurs du poète. L'éd.
Saint-Marc de 1772 contient à propos de Mad. de La Sablière une note intéressante de Du
Monteil.

(2) Le Verrier explique pourquoi Dalancé a été mis en cause, la note de Brossette ne le
dit pas.

(3) Cette note sur Du Vernay ou Du Verney est plus personnelle que celle de Brossette.

*Satire X.* ataque Perrault l'académicien qui est fort ami et fort admiré de cette fille [1].

> *C'est chez elle toùjours que les fades Auteurs*
> *S'en vont se consoler du mépris des Lecteurs.*
> *Elle y reçoit leur plainte, et sa docte demeure,*
> v. 446.  *Aux Perrins, aux Coras est ouverte à toute heure.*

Il y avoit originairement aux Perrins, aux Perraults [2].

> *Là du faux bel esprit se tiennent les bureaux.*
> v. 448.  *Là tous les vers sont bons, pourvû qu'ils soient nouveaux.*

Que je connois de gens qui sont de ce caractère.

> v. 465.  *Sçavez-vous que l'Epouse avec qui je me lie*
> *Compte entre ses parens des Princes d'Italie ?*
> *Sort d'Ayeux dont les noms... Je t'entens, et je voy*
> *D'où vient que tu t'es fait Secrétaire du Roy.*

On parle icy de Primi qui est entré à la Cour sur le pied d'un Diseur de bonne avanture, et qui a épousé la Fille de Léonard le libraire. La Fille croyoit que Primi estoit un Prince d'Italie. Le beau-père n'en croyoit rien, et avoit des preuves du contraire [3].

> v. 471.  *Si quelque objet pareil chez moy, deçà les Monts,*
> *Pour m'épouser entroit avec tous ces grands noms,*
> *Le sourcil rehaussé d'orgueilleuses chimères,*
> *Je lui dirois bien-tost. Je connois tous vos Pères :*

Juvénal. Sat. 6, v. 168.

> Malo Venusinam quam te Cornelia, mater
> Gracchorum, si cum magnis virtutibus affers
> Grande supercilium, et numeras in dote triumphos.
> Tolle tuum, precor, Annibalem victumque Syphacem
> In castris, et cum tota Carthagine migra.

---

(1) Cette allusion à Mlle Du Pré n'est pas dans le commentaire de Brossette. La plus grande partie des poésies de Mlle Du Pré se lit dans la correspondance de Bussy-Rabutin. On l'avait surnommée la Cartésienne, elle parlait couramment le latin et l'italien. Vertron a célébré ses mérites dans la Nouvelle Pandore. Saint-Marc croit, au contraire, d'après Mlle Lhéritier qu'il s'agit de Mme Deshoulières qui avait pris le parti de Pradon contre Racine et était amie de Perrault.

(2) Cette note n'est pas dans le commentaire de Brossette.

(3) Brossette ne parle pas de Primi, mais au vers 468, il nomme un M.G.D. (Georges d'Entragues) qui s'étant enrichi dans la Réception générale des Aides de Paris, épousa une demoiselle de condition (Mlle de Valençay, d'après le Ms. 15275).

v. 475.  *Je sçay qu'ils ont brillé dans ce fameux combat*
                      *Où sous l'un des Valois Enguien sauva l'Etat.*

L'autheur entend parler du fameux combat de Cerizoles que le Comte
d'Enguien gagna le 14e d'avril 1544 sur le Marquis du Guast. Regnier
avoit dit dans sa satire 3e :

> Je ne sçaurois flatter et ne sçay point comment
> Il faut se taire accort, ou parler faussement,
> Bénir les favoris de geste et de paroles,
> Parler de leurs ayeuls au jour de Cerisolles,
> Des hauts faits de leur race, et comme ils ont aquis
> Ce titre avec honneur, de Ducs et de Marquis.

v. 491.  *Mais eussai-je comme eux des Meûniers pour parens,*

Il en veut toujours au fameux Lully [1].

> *Ni sur tout de souffrir, par un profâne usage,*
> *Qu'à l'Eglise jamais devant le Dieu jaloux,*
v. 504.  *Un fastueux carreau soit veu sous ses genoux.*

Je ne sçay si ce vers n'a point fait rappetisser les carreaux qui sub-
sistent encore, ou s'il n'en a point aboli en partie la coutume [2].

> *A Paris, à la Cour on trouve, je l'avouë,*
> *Des Femmes dont le zèle est digne qu'on le louë,*
v. 515.  *Qui s'occupent du bien en tout temps, en tout lieu.*
> *J'en sçais Une chérie et du Monde et de Dieu,*
> *Humble dans les grandeurs, sage dans la fortune;*
> *Qui gémit, comme Esther, de sa gloire importune :*

Tout le monde entend bien que l'autheur veut parler de Mme de
Maintenon.

> *Mais pour quelques Vertus si pures, si sincères,*
> *Combien y trouve-t-on d'impudentes Faussaires,*
v 523.  *Qui sous un vain dehors d'austère piété*
> *De leurs crimes secrets cherchent l'impunité,*
> *Et couvrent de Dieu même empraint sur leur visage*
> *De leurs honteux plaisirs l'affreux libertinage ?*

---

(1) Cette allusion à Lully dont le père passait à tort pour avoir été meunier, n'est pas dans
le commentaire de Brossette, mais elle se trouve dans le Ms. 15.275. Lully était un libertin dont
les vers matérialistes sont peu connus, sa renommée comme musicien a laissé dans l'ombre ce
côté de sa personnalité.

(2) Le Verrier exagère un peu l'influence de son auteur favori.

*Satire X.*   Y a-t-il rien de plus horrible que l'hypocrisie ?

> *N'atten pas qu'à tes yeux j'aille icy l'étaler.*
> *Il vaut mieux le souffrir que de le dévoiler.*
>
> v. 529.   *De leurs galans exploits les Bussis, les Brantômes*
> *Pouroient avec plaisir te compiler des tômes :*

Les Œuvres de Brantôme et de Bussy ont passé par les mains de tous ceux qui ont du goust pour la lecture. Mais qu'il est dangereux d'escrire sur les matières qu'ils ont traitées. Si les horreurs dont Brantôme nous a laissé les histoires, tout éloignez qu'elles sont de nostre temps, font encore tant d'impression, et causent encore aujourd'huy tant de scandales, que doit-on penser de l'Histoire amoureuse des Gaules composée par Bussy, luy qui n'a souvent fait que prester des noms aux caractères et aux actions qu'il a trouvées dans Pétrone [1].

> *Sur cent pieux devoirs aux Saints elle est égale.*
> v. 546.   *Elle lit Rodriguez, fait l'oraison mentale,*

La perfection chrétienne de Rodriguez, jésuite, traduite en premier lieu par le P. R. et ensuite par l'abbé Regnier.

> *Et peut-il, dira-t-elle, en effet l'exiger?*
> v. 556.   *Elle a son Directeur, c'est à lui d'en juger.*

On jugera aisément du pouvoir d'un Directeur si on fait réflexion au bizarre vœu que le Père..., autre jésuite, vient de recevoir de la Reine d'Angleterre dont il est confesseur (en septembre 1701). Par ce vœu, elle s'oblige de ne rien apprendre ny de rien sçavoir sur quelque affaire que ce soit, qu'elle ne luy en fasse confidence [2].

> v. 565.   *Mais de tous les Mortels, grâce aux dévotes Ames,*
> *Nul n'est si bien soigné qu'un Directeur de Femmes.*

Le Père Bourdaloüe estant à Basville, il toussa un peu le soir. M<sup>lle</sup> de Lamoignon luy fit porter malgré luy le lendemain matin un succulent boüillon, et il fut contraint de le prendre. Le premier Président de Lamoignon ayant aussy toussé à son tour, nostre autheur luy conseilla de suivre l'exemple du P. Bourdaloüe, mais ce sage Magistrat

---

(1) Voici une note que Boileau aurait certainement corrigée, s'il n'était pas passé rapidement sur les satires IX, X et XI. On a vu la leçon que Le Verrier s'était attirée en parlant d'une façon peu avantageuse de l'Histoire amoureuse des Gaules, voir note du vers 42 de la Satire VIII.

(2) Cette note était d'actualité en..... 1701.

*Satire X.*  luy lit cette réponse : Je ne suis pas encore assez dans le bon chemin pour mériter un boüillon tous les matins [1].

> *Quelque léger dégoust vient-il le travailler ?*
> *Une foible vapeur le fait-elle bdailler ?*
> *Un escadron coëffé d'abord court à son aide :*
> *L'une chauffe un boüillon, l'autre appreste un remède,*
> v. 571.  *Chez luy syrops exquis, ratafias vantés,*
> *Confitures sur tout volent de tous costés :*

Voilà peut estre la première fois que l'on a mis en vers le mot de Ratafia. C'est une liqueur composée d'eau de vie, de jus de serize, de canelle, de cloud et de sucre. On en usoit extrêmement lorsque cette satire fut faite. On s'en est fort désabusé [2].

> *Nostre Docteur bien-tost va lever tous ses doutes,*
> *Du Paradis pour elle il applanit les routes ;*
> *Et loin sur ses défauts de la mortifier,*
> *Lui-mesme prend le soin de la justifier.*
> *Pourquoy vous alarmer d'une vaine censure ?*
> v. 582.  *Du rouge qu'on vous voit on s'étonne, on murmure,*
> *Mais a-t-on, dira-t-il, sujet de s'étonner ?*
> *Est-ce qu'à faire peur on veut vous condamner ?*

On assure qu'il y a des Directeurs qui veulent que leurs Pénitentes soient parées quand elles s'approchent du confessionnal. Il y a même des gens qui prétendent que quelques-uns de ces Directeurs veulent que cela aille jusqu'aux Perles et autres Pierreries. S'il y en a de ce caractère, c'est de ceux-là dont l'autheur fait icy la satire [3].

> *Le plus grand jeu joüé dans cette intention,*
> *Peut mesme devenir une bonne action.*
> *Tout est sanctifié par une âme pieuse.*
> v. 598.  *Vous estes, poursuit-on, avide, ambitieuse,*
> *Sans cesse vous brûlez de voir tous vos parens,*
> *Engloutir à la Cour charges, dignitez, rangs.*
> *Vostre bon naturel en cela pour Eux brille.*

---

(1) L'anecdote relative au Père Bourdaloue et au Président de Lamoignon n'est pas dans le commentaire de Brossette.

(2) Cette petite remarque sur le mot Ratafia, sur la composition de cette liqueur et sur la façon dont elle était appréciée en 1701 n'est pas dans le commentaire de Brossette.

(3) Ces détails sur les exigences des confesseurs vis-à-vis de leurs pénitentes, ne sont pas relevés par Brossette.

*Satire X.*     Il entend parler de Mad. de Monchevreüil [1].

> *Mais dans ce doux état molle, délicieuse,*
> v. 626.   *La hais-tu plus, dy-moy, que cette Bilieuse,*
> *Qui follement outrée en sa sévérité,*
> *Baptizant son chagrin du nom de piété,*
> *Dans sa charité fausse, où l'amour propre abonde,*
> *Croit que c'est aimer Dieu que haïr tout le monde?*

Il parle de Mad. de Moussy, dont les manières l'ont choqué, quoique dans le fond il n'ait aucun sujet de s'en plaindre [2].

> *Voilà le Sexe peint d'une noble manière!*
> v. 646.   *Et Théophraste mesme aidé de la Bruyère,*
> *Ne m'en pourroit pas faire un plus riche tableau.*

La Bruyère a traduit les Caractères de Théophraste, et a fait luy-même
les Caractères de ce siècle.

> *Et que seroit-ce donc, si Censeur plus tragique*
> *J'allois t'y faire voir l'Athéisme établi,*
> *Et non moins que l'honneur, le Ciel mis en oubli?*
> v. 657.   *Si j'allois t'y montrer plus d'une Capanée,*
> *Pour souveraine loy mettant la Destinée,*
> *Du tonnerre dans l'air bravant les vains carreaux,*
> *Et nous parlant de Dieu du ton de Des-Barreaux? [3]*

---

(1) L'allusion à Madame de Monchevreüil n'est pas dans le commentaire de Brossette.

(2) Brossette avait vu dans ces vers une allusion à la belle-sœur du poète, la femme de Jérome Boileau. Madame de Moussy, sœur de Dugné Bagnoles, femme d'un maître des Comptes, avait été l'amie de Henry Hurault de Lhospital, sieur de Belesbat, conseiller au Parlement, maitre des requêtes, mort en 1684. Il en est question dans les Historiettes de Tallemant, T. V, p. 387 et 389.

(3) Nous avons découvert les poésies libertines de Des Barreaux que l'on croyait perdues. Con-sulter : Une petite découverte bibliographique, Bulletin du Bibliophile (1903). Voici un sonnet de cet épicurien qui donne une idée de ses opinions philosophiques :

> Mortels, qui vous croyez, quand vous venez à naistre,
> Obligez à nature, ô quelle trahison !
> Se montrer un moment, pour jamais disparoistre,
> Et pendant que l'on est, voir des maux à foison.
>
> Tenant plus du néant que l'on ne fait de l'estre,
> Je l'ay dit autrefois et bien moins en saison,
> Estudions-nous plus à jouïr qu'à connoistre,
> Et nous servons des sens plus que de la raison.
>
> D'un sommeil éternel ma mort sera suivie,
> J'entre dans le néant quand je sors de la vie.
> O déplorable estat de ma condition !
>
> Je renonce au bon sens, je hay l'intelligence,
> D'autant plus que l'esprit s'élève en connoissance,
> Mieux voit-il le sujet de son affliction.

*Mais, sans aller chercher cette Femme infernale,*
*T'ay-je encor peint, dy-moy, la Fantasque inégale,*
*Qui m'aimant le matin, souvent me hait le soir?*

Il ne faut point douter que l'Athéisme n'estende son empire jusques
sur les Femmes. Il y en a qui sont fameuses de ce costé-là, témoin la
Choüart, la Sanguin, et [La Louchaut], une femme de Senlis fort amie de
Linière [1]. C'est celle-cy qui a fait cette épigramme impie :

Quand on parle aux sots de Lucifer,
Au diable, celuy qui raille.
Ils craignent tous sa fourche de fer
Avec sa grosse tenaille.
On a bien fait d'inventer l'Enfer
Pour étonner la canaille [2].

Capanée un des sept chefs de l'armée qui mit le siège devant Thèbes. Il
fut le premier qui planta l'échelle sur les murailles pour monter à l'as-
saut. Mais il fut accablé d'une si grande multitude de pierres que l'on
jetta sur luy, qu'il en mourut. Comme il estoit hautain, superbe et impie,
les Poëtes ont feint que Jupiter l'avoit puni de son impiété en le détrui-
sant d'un coup de foudre (Ovid, liv. 4, Tristium).

Cum cecidit Capaneus subito temerarius ictu

Et de là vient qu'on appelle Capanée ceux qui n'ont point de religion.

*Tay-je fait voir de joye une Belle animée,*
*Qui souvent d'un repas sortant toute enfumée,*
*Fait mesme à ses Amans trop foibles d'estomach*
v. 672.   *Redouter ses baisers pleins d'ail et de tabac?*

La corruption a tellement gagné le dessus que les Femmes prennent
autant de tabac que les Hommes, sans avoir égard ny à la délicatesse de
leur sexe, ny à la propreté, ny à la mauvaise odeur que le tabac échauffé
donne à toutes les personnes qui en prennent [3]. D'ailleurs les ragouts

---

(1) Consulter une liste des poésies de Linières dans notre Bibliographie des rec. collectifs de
poésies publiés de 1597 à 1700, T. II. III et IV. Ses pièces libertines ont été brûlées par le fils unique du
Grand Condé, Henry Jules de Bourbon, d'après une note de Bruzen de La Martinière (T. I, p. 372, du
Nouveau recueil des Epigrammatistes français anciens et modernes (Amsterdam, 1724). La voici :
« Ses vers libertins ont été conservés parmi les personnes du même goût qui se les communi-
quent en manuscrit. J'en ai vu un gros recueil qui était tombé entre les mains d'un Prince qui le
païa fort cher, apparemment pour le brûler. » Le grand Condé tout comme son ami Des Barreaux
s'était converti dans sa vieillesse.

(2) Cette note de Le Verrier sur les femmes athées ou plutôt sur les libertines qui faisaient
profession d'athéisme cite des noms et même des vers de l'une d'entr'elles : La Louchaut,
amie de Linière. Tout ceci est nouveau.

(3) Le Verrier généralise plus que Brossette en ce qui concerne l'usage du tabac chez les
femmes.

*Satire X.* d'ail, et tout ce qu'il y a de plus propre pour irriter l'appétit des plus fameux débauchez, sont ce qui leur plaist davantage aujourd'huy.

> v. 673.  *T'ay-je encore décrit la Dame brelandière,*
> *Qui des Joüeurs chez soy se fait Cabaretière,*

Il y a des femmes et même des femmes de condition chez qui on trouve un bon repas tous les soirs. On ne paye rien pour la table, mais on n'y est point admis que l'on ne joué, et l'on ne peut jouër, sans paier.

> v. 677.  *Ay-je offert à tes yeux ces tristes Tysiphones* [1].

Tisiphone, une des Furies, filles de l'Achéron et de la Nuit. C'est elle qui est chargée de punir les crimes. L'étimologie de son nom le porte. Il en est parlé dans Horace, Sat. 8, Liv. 1, v. 34 :

> . . . . . . . . Vocat altera saevam
> Tisiphonem...

et dans Virgile, Eneid 10, v. 761 :

> Pallida Tisiphone media inter millia saevit

etencore dans les Georgiques, Liv. 3, v. 551 :

> Saevit, et in lucem Stygiis emissa tenebris
> Pallida Tisiphone; Morbos agit ante Metumque
> Inque dies avidum surgens caput altius effert

Au reste, il y a trois furies Alecto, d'alpha privatif et de λήγω desino : Tisiphone, de τιω ulciscor et de φονη caedes : Megara de μεγαίρω invideo.

> v. 683.  *Et font de leur maison digne de Phalaris,*
> *Un séjour de douleurs, de larmes et de cris?*

Phalaris, Tiran en Sicile. C'est cet homme détestable dont la cruauté est connuë de tout le monde. Il avoit fait fondre un taureau d'airain dans lequel il enfermoit ceux à qui il vouloit donner la mort, et en mettant ce taureau tout en feu par le moyen d'une fournaise ; il les y bruloit. Il y fut brulé luy-même dans une révolte qui s'éleva contre luy.

> *Enfin t'ay-je dépeint la superstitieuse,*
> *La Pédante au ton fier, la Bourgeoise ennuieuse,*
> v. 687.  *Celle qui de son chat fait son seul entretien,*

Que je connois de femmes, et des femmes qui ont beaucoup d'esprit,

---

(1) Brossette a vu là une allusion à la première femme de M. Boileau, père du poëte : Charlotte Brochard ou de Brochard, née vers 1584, morte le 15 septembre 1629. Le Verrier n'en dit rien.

*Satire* X.  dont pourtant on ne tireroit presque rien dans la conversation, si elles ne parloient à leur chat et à leur chien [1].

> v. 688.   *Celle qui toûjours parle et ne dit jamais rien ?*

S'il y a des femmes qui parlent sans cesse et qui ne disent jamais rien, combien y a-t-il d'hommes qui ont le même défaut.

-----

[1] Le Verrier a noté là une critique générale. Brossette y a vu une allusion à une sœur de Boileau, la veuve Manchon.

# SATIRE XI

*ela n'est nul-*
*nt véritable.*
*l la satire des*
*mes que j'avois*
*menée, c'est-à-*
*dont j'avois*
*l dix ou douze*
*trente ans*
*l que je l'aye*
*née.*

L'autheur avoit commencé cet ouvrage il y a plus de trente ans, c'est-à-dire que dez ce temps-là il avoit mis en vers tout son apologue. Il l'acheva en 1700 ayant alors soixante-trois années, et il l'adresse à celuy que depuis la mort de Racine le Roy a choisi pour travailler à son Histoire avec l'autheur. Valincour s'appelle Du Trousset, nom sous lequel il a esté autrefois extrêmement connu par beaucoup d'ouvrages de poësie, par l'histoire du duc de Guise, par la critique du Roman de la Princesse de Clèves, et par une conversation pleine d'esprit. Il sçait infiniment, que ne sçait-il point de Théologie, d'Histoire, de Physique, de Mathématiques, de Belles-lettres et de langues anciennes et nouvelles [1].

Ceux qui voudront examiner la satire 6e de Regnier, n'auront pas de peine à convenir que c'est de cette satire que nostre autheur a pris l'idée de celle-cy. Et cependant ces deux pièces ne se ressemblent en quoique ce soit. Voicy le vers de Regnier qui a le plus de rapport au sujet que nostre autheur a entrepris de traiter :

L'Honneur qui sous faux titre habite avecque nous.

> *Interrogeons Marchands, Financiers, Gens de guerre,*
> *Courtisans, Magistrats, chez Eux, si je les croi,*
> *L'Intérest ne peut rien, l'Honneur seul fait la loi.*
> v. 13. *Cependant, lorsqu'aux yeux leur portant la lanterne,*
> *J'examine au grand jour l'esprit qui les gouverne,*
> *Je n'apperçoi par tout que folle Ambition,*

Allusion au mot de Diogène le Cynique, qui, en portant une lanterne en plein jour, disoit qu'il cherchoit un homme. Car il avoit coutume de dire que jamais il n'avoit trouvé d'homme en aucun lieu, mais qu'il avoit veu des Enfans à Lacédémone. Il n'y a personne qui ignore de quelle manière Lycurgue avoit élevé les Lacédémoniens, et combien ils estoient éloignez de la molesse des autres Peuples.

---

(1) Cette note de Le Verrier sur la satire XI est corrigée par Boileau, aussi est-il permis de penser que le poète a jeté un coup d'œil sur les dernières remarques de son commentateur.

v. 37. *En vain ce Misanthrope, aux yeux tristes et sombres,*
                 *Veut par un air riant en éclaicir les ombres :*

Il y avoit ce faux Caton. Du reste : ne nominetur in vobis.

        v. 43. *Le Naturel toûjours sort, et sçait se montrer.*
                 *Vainement on l'arreste, on le force à rentrer,*

C'est une pensée d'Horace que l'autheur, à sa manière ordinaire, se rend
propre, et qu'il exprime merveilleusement. Ep. 10, Liv. 1, v. 24.
        Naturam expellas furca, tamen usque recurret.

                 *Mais l'Honneur en effet qu'il faut que l'on admire,*
                 *Quel est-il, Valincour ? Pouras-tu me le dire ?*
        v. 51. *L'Ambitieux le met souvent à tout brûler,*

Amy de la paix, il regarde toujours Alexandre comme un Houssart
qui est prest d'aller partout le flambeau et le fer à la main pour satisfaire son avarice et son ambition [1].

        v. 52. *L'Avare à voir chez luy le Pactóle rouler,*

Pactole, fleuve de Lydie qui roule des sables d'or le long du terri-
toire de Smyrne.
        Juvénal...
                Quod Tagus et rutila Pactolus volvit arena
        Il en est de même du Tage, fleuve de Portugal. Nous avons en
France des rivières et des fleuves où l'on trouve aussy de l'or. Il y a au
dessus de Toulouse une rivière qu'on appelle l'Ariège Aurigera. Il est
certain qu'on y trouve de l'or. Aussy voit-on sur ses bords des paisans
qui n'ont d'autre mestier que de prendre dans une espèce de crible du
sable de cette rivière, et de le passer en laissant tomber le plus fin de ce
sable sur un morceau de serge blanche. S'il y a de l'or, on l'aperçoit aisément. Quelquefois ces paisans passent des semaines entières sans rien
gagner. Quelquefois ils gagnent une pistole par jour. On le nomme cet
or, l'or des paillettes et il n'y en a point de plus fin que celuy-là [2].

                 *Quoiqu'en ses beaux discours Saint-Evremond nous prône,*
        v. 70. *Aujourd'huy j'en croirai Sénèque avant Pétrône.*

---

(1) Cette appréciation pretée à Boileau sur Alexandre le Grand n'est pas dans le commentaire
de Brossette.
(2) La partie de cette remarque de Le Verrier sur les rivières de France roulant de l'or n'est
pas dans le commentaire de Brossette.

*Satire XI.*  J'en croiray malgré luy Sénèque avant Pétrone.

St Evremond me paroist un vray sophiste. Je ne suis point surpris qu'il trompe bien des gens. C'est, selon moy, un autheur qui donne tout à l'imagination et à la déclamation, qui a fort étudié Pétrone, et qui rempli des maximes détestables de cet autheur tâche de les insinuer dans tout ce qu'il escrit. Je n'ay jamais esté admirateur ny de l'original ny de la copie. Les honnestes gens doivent sçavoir bon gré à nostre autheur d'avoir ataqué St Evremond à forces ouvertes, pendant que d'autres personnes qui pouvoient faire voir que ce livre de Pétrone n'est pas si ancien qu'on se l'imagine [1] avoient le champ libre pour détruire l'opinion que l'on a dans le monde de Pétrone, et de St Evremond. Il a fait une dissertation où il fait la comparaison de Sénèque et de Pétrone, et selon luy ce dernier doit avoir tout l'avantage. C'est ce que l'on ataque icy avec raison [2].

> *Un injuste Guerrier terreur de l'Univers,*
> *Qui sans sujet courant chez cent Peuples divers,*
> *S'en va tout ravager jusqu'aux rives du Gange,*

v.  78.  *N'est qu'un plus grand Voleur que Duterte et Saint Ange.*

Duterte et Saint-Ange estoient deux fameux voleurs de grand chemin qui vivoient vers le milieu du dernier siècle.

> *Mais dans quel Tribunal, jugé suivant les Loix,*
> *Eust-il pû disculper son injuste manie ?*

v.  82.  *Qu'on livre son Pareil en France à La Reynie,*

La Reynie, limousin et lieutenant-général de Limoges, bon juge, mais sévère. Ce caractère plut au Ministre Colbert qui le fit Conseiller d'Etat et Lieutenant général de police à Paris. Il s'en est parfaitement bien aquité. Je ne sçay pas si à force d'exactitude, il s'est aquité de la même manière des commissions qu'on luy a données pour interroger plusieurs prisonniers de la Bastille et de Vincennes. C'est un homme qui, selon son caprice, d'un éléphant fait une mouche et d'une mouche un éléphant [3]. Du reste tout le monde entend bien que c'est du Prince d'Orange que l'autheur veut parler [4].

---

(1) Le Verrier a effacé la phrase suivante : Pourquoi M. Dacier l'a-t-il laissé en repos.

(2) Cette appréciation de Boileau sur Saint-Evremond est confirmée par Brossette mais ici le ton est beaucoup plus vif.

(3) Le Verrier ajoute un trait de caractère à la note de Brossette sur La Reynie.

(4) Brossette n'a pas donné la clef de cette allusion ; l'émule d'Alexandre le Grand était, suivant Le Verrier, le Prince d'Orange.

*Dans trois jours nous verrons le Phénix des Guerriers*
    v.   84.   *Laisser sur l'échaffaut sa teste, et ses lauriers.*

Le Sénat et le Peuple firent un décret qui ordonnoit que Jules César
porteroit toujours une couronne de lauriers. Ce fut pour luy le plus
agréable présent qu'on luy pust faire. César estoit chauve, et pour le
cacher il portoit une couronne de lauriers. C'est ce qu'un de nos poëtes
françois a si bien exprimé :

>            Sur son front couronné des mains de la Victoire
>        Les cornes s'élevoient à l'envi des lauriers.

Ce sont ces deux vers de ce poëte à présent inconnu qui ont formé le
tour, l'harmonie et la force de ceux de nostre autheur [1].

    v.   85.   *C'est d'un Roy que l'on tient cette maxime auguste,*
               *Que jamais on n'est grand qu'autant que l'on est juste.*

Les Asiatiques appelloient le Roy de Perse, le Grand Roy. Agésilas
leur dit : Pourquoy celuy-là est-il plus grand que moy, s'il n'est ny plus
juste ny plus sage. Apophtegmes des anciens.

>        *Rassemblez à la fois Mithridate et Sylla,*
>        *Joignez-y Tamerlan, Genseric, Attila;*
>        *Tous ces fiers Conquérans, Rois, Princes, Capitaines,*
    v.   90.   *Sont moins grands à mes yeux que ce Bourgeois d'Athènes.*

On a déjà veu les sentimens que l'autheur a de Socrate, et combien il
le met au dessus d'Alexandre [2].

    v.   99.   *Et tel, qui n'admet point la Probité chez lui,*
        100.   *Souvent à la rigueur l'exige chez autrui.*

Par le nom de probité, l'autheur entend toutes sortes d'excez dans la
morale. Personne n'ignore le nombre excessif des galanteries du Marquis
de La Chastre. Il avoit un domestique qu'il aimoit fort et qui luy estoit très
nécessaire. Il apprit que ce domestique avoit une galanterie et il luy
donna son congé. J'estois spectateur de cette expédition. Je ne pus
m'empêcher de rire, et de dire au Marquis que je le trouvois bien exact
pour les autres pendant qu'il ne l'estoit pas trop pour luy. Il me répondit

---

(1) Cette dernière citation n'est pas dans le commentaire de Brossette.
(2) Brossette ne nous donne pas cette appréciation de Boileau sur Socrate et Alexandre.

*Satire XI.* qu'il vouloit bien estre débauché, mais qu'il ne vouloit pas que ses gens le fussent comme luy [1].

> *La distance est deux fois plus longue, à mon avis,*
> v. 116. *Que du Pôle Antartique au Destroit de Davis.*

Le détroit de Davis est sous le pôle artique, près la Nouvelle Zemble.

> v. 140. *L'Honneur, cher Valincour, et l'Equité sa Sœur*
> *De leurs sages conseils éclairant tout le Monde*

Voyez de quelle manière Regnier parle du faux Honneur dans sa sixième Satire.

> v. 145. *La Vertu n'estoit point sujette à l'ostracisme,*
> 146. *Ni ne s'appelloit point alors un Jansénisme.*

Ostracisme est un mot grec qui signifie reléguer, et de ce nom d'ostracisme on appelloit une loy par laquelle les Athéniens avoient droit de reléguer tel citoien d'Athènes qu'ils vouloient, lorsqu'on le soupçonnoit ou de cabaler, ou d'estre si riche qu'il pouvoit faire quelque entreprise contre l'Estat, ou enfin lorsqu'il estoit trop vertueux et trop aimé du Peuple. Car de tout temps la vertu a esté l'objet de la haine du vice, c'est à dire que la pluspart du monde y a attaché sa haine.

> Virtutem incolumem odimus
> Sublatam ex oculis quærimus invidi.
> (Hor. Liv. 3, od. 14, v. 31)

A ces traits si marquez qui ne reconnoist tout ce que la cabale a fait contre des gens pleins de vertu et de religion.

> v. 168. *Et le Mien et le Tien deux Frères pointilleux,*
> *Par son ordre amenant les Procès et la Guerre,*
> *En tous lieux de ce pas vont partager la Terre,*

Cette idée du Mien et du Tien est prise de Regnier, Sat. 6* :
> Ainsy la Liberté du monde s'envola ;
> Et chacun se campant, qui deça, qui delà,
> Et de hayes, de buissons remarqua son partage,
> La Fraude fit alors la figue au premier âge
> Lors du Mien et du Tien naquirent les procez [2].

---

(1) Cette définition de la probité et l'anecdote sur le Marquis de La Chastre ne sont pas dans le commentaire de Brossette.
(2) Cette citation de Regnier n'est pas dans le commentaire de Brossette, mais elle est dans celui de Berriat-Saint-Prix.

                        *La soif de commander enfanta les Tyrans,*
          v.  184.   *Du Tanaïs au Nil porta les Conquérans :*

Sous le fleuve Tanaïs, qui est un fleuve du païs des Scythes, et divise
l'Asie de l'Europe, l'autheur entend parler des Scythes qui selon Justin
au commencement de son Histoire, furent les premiers conquérants. Le
Nil est, comme tout le monde le sçait, un fleuve de l'Egypte, et l'autheur
se sert de ces mots pour dire que Tanaüs, Roy des Scythes, porta ses
conquestes jusques dans l'Egypte.

                     *L'Ambition passa pour la Vertu sublime :*
          v.  186.   *Le Crime heureux fut juste et cessa d'estre crime.*

Il veut parler de César et du Prince d'Orange, mais encore plus de ce
dernier [1].

-----

[1] Cette allusion à César et au Prince d'Orange n'est pas signalée dans le commentaire de
Brossette.

QUELQUES NOTES DE MATHIEU MARAIS

SUR

# LE COMMENTAIRE DE PIERRE LE VERRIER

DES

SATIRES XI ET XII

ET DES EPITRES DE BOILEAU

# LETTRE DE MATHIEU MARAIS A LE VERRIER

A Paris ce 2 de May 1720.

« Pour vous prouver, Monsieur, que je ne vous ay point oublié, vous trouverez cy joint douze grandes pages de Notes depuis la Satire XI où finissoient les premières jusqu'à la fin de toutes les Epistres, il y a bien des choses curieuses, et des critiques un peu sévères que vous ne révélerez pas. Je voudrois qu'un si grand Poëte fust grand par tout, mais ce n'est pas à nous à publier ses petitesses et j'en suis toujours pour oter des notes tout ce qui regarde sa famille ou de certains faits personnels qui fondent sa critique non sur la justice, mais sur la colère où il étoit dans ce moment là. Vous verrez un 4ᵉ sonnet sur Phèdre qui suposeroit les coups de bâton, mais je croy qu'ils n'ont jamais esté qu'en vers, et si quelqu'un les a eus c'est Racine, selon une certaine tradition qui m'est venüe par un de mes amis contemporain du fait. Les faits de Bensserade et de la Chammeslé vous plairont, ils sont agréables et recherchés : Voilà comme il faisoit pour M. Bayle qui enchassoit tout cela dans son or. Je vous renvoye aux Lettres de Bussy et au Menagiana (1715) dont je vous ay cotté toutes les pages à la fin de mes notes : La lettre de M. de La Monnoye sur les portraits de notre poète ne doit pas être oubliée. Je m'intéresse à la mémoire de M. le C. de F. que je croy le Comte de Fiesque (1) : je le connoissois fort, et il n'y a que ceux qui ne le connoissoient pas qui puissent mal parler de son goust qui étoit excellent. C'étoit luy qui conservoit dans la Cour de feu Monsieur le Duc une galanterie sçavante et un luxe poli. Dans le temps des Noels de Mˡˡᵉ de La Force (2), il fit celuy-cy, fasché contre les Boüillon :

---

(1) Jean Louis Marie Comte de Fiesque, communément appelé « le petit Bon », fils de Charles Léon Comte de Fiesque mort en 1658 et de Gillonne d'Harcourt, veuve du Marquis de Piennes tué en 1640 au siège d'Arras.

(2) Charlotte Rose de Caumont de La Force, petite fille de Jacques de La Force, maréchal de France, et fille de M. de Castelmoron. Elle avait épousé le 7 Juin 1687 le fils du Président Brion, mariage qui fut déclaré nul, sur l'opposition du Président Brion, en Juillet 1689, voir la lettre de La Fontaine à Mgr le Prince de Conti de Juillet 1689 (T. IX des Œuvres de La Fontaine de la Coll. des Grands Ecrivains de la France).

*Seigneur, votre origine,*
*Dit Bouillon au Bambin,*
*Est-elle bien divine ?*
*Le monde est si malin.*
*Qu'eussiez-vous comme moy fouillé tous les chapitres*
*Et trompé Mabillon dondon*
*On vous disputera là là*
*Votre nom et vos titres.*

Voilà un échantillon de son esprit et de sa critique.

« Il faut un peu donner sur les doigts à M<sup>r</sup> de La Monnoye <sup>(1)</sup> qui trouve et cherche des obscénitez par tout. *Plumez-le moy, je vous le recommande* ainsy que ce Précepteur devenu Evesque <sup>(2)</sup> qui ne veut pas trouver de sublime dans l'Escriture et dans un endroit où un Payen en a trouvé; il a traité notre Poëte comme un infâme à brusler <sup>(3)</sup>, et dans toute sa vie

---

(1) La Monnoye (Bernard), poète, savant philologue et critique, membre de l'Académie française, né à Dijon, le 15 Juin 1641, mort à Paris le 15 octobre 1728.

(2) Daniel Huet, évêque d'Avranches, membre de l'Académie française, né à Caen le 8 février 1630, mort à Paris le 26 Janvier 1721. Marais fait allusion aux Mémoires de Huet publiés par Sallengre sous le titre : Commentarius de rebus ad eum pertinentibus. Amstelodami, 1718, in-12. Il fut nommé sous-précepteur du Dauphin, fils de Louis XIV. La discussion avec Boileau est de 1685, elle portait sur un passage du traité du Sublime où Longin rappelle le « Fiat lux » de la Genèse, dans laquelle Huet ne trouvait de sublime que la merveille racontée.

(3) Voici le passage des Mémoires de Daniel Huet (trad. Nisard) auquel Mathieu Marais fait allusion : « Il y avait déjà quatre ans que j'avais publié ma Démonstration évangélique lorsque « Boileau en fit une seconde de sa traduction de Longin. Il avait écrit des « satires qui étaient à la vérité très-spirituelles et dont la versification enchantait l'oreille, mais « elles étaient pleines de médisance, infectées du venin de la plus noire malignité, et diffamaient « et déchiraient horriblement la plupart des gens de mérite et de bien. Il s'était fait par là une « réputation immense dans le public très-médisant lui-même, et aimant avec passion la médisance. « Dans un chapitre de l'ouvrage où je m'étais proposé de prouver l'antiquité des livres de Moïse, « j'avais donné une liste des auteurs qui depuis Moïse jusqu'à Jésus-Christ avaient fait dans leurs « écrits l'éloge du législateur des Juifs et, parmi eux j'avais cité Longin; j'ajoutais cependant cette « remarque que le passage de Moïse rapporté par lui n'offrait pas trace de sublime, que la chose « exprimée dans ces livres était à la vérité sublime, mais que les termes en eux-mêmes étaient « simples et tout à fait dépourvus d'ornements, que, pour cela il me paraissait vraisemblable que « Longin avait pris sa citation, non dans Moïse lui-même, mais dans quelques versions d'écrivains « plus récents. Despréaux ayant cru que mes remarques étaient une grave atteinte à la réputa- « tion et à la dignité de Longin, vengea, dans une nouvelle édition de ses satires, l'injure faite à « Longin, en m'outrageant moi-même, selon sa coutume. Informé de ce fait par le duc de Mon- « tausier, qui haïssait la médisance de Despréaux, j'écrivis au satirique une lettre, où je mainte- « nais mon opinion sur le passage en question et où je réprimais son insolence. Je n'avais pas « dessein de la publier, au contraire, mais vingt-trois ans après, j'appris qu'elle était sortie de « l'endroit où je l'avais cachée dans ma bibliothèque pour tomber entre les mains de Jean Leclerc, « à Amsterdam, sans que je sache par qui ni comment, mais assurément contre mon gré. Le judi- « cieux critique était complètement de mon avis. Il inséra ma lettre dans sa Bibliothèque choisie, « et il en fortifia les raisons par d'autres pleines d'esprit et de solidité. Le prince des poëtes médi- « sants, indigné qu'on osât différer de sentiment avec lui, l'arbitre de la gloire et de la honte des « gens de lettres, laissa, en mourant, à ses amis le soin de répandre sur Leclerc tout le venin « qu'il avait préparé à cet effet; en quoi il fut si bien obéi, que cette faction insolente renchérit « encore sur les outrages du maître, comme si elle eût regretté qu'il eût été trop modéré. Toute « la bile, toute la méchanceté, toutes les noirceurs dont le poète, selon eux, avait été trop avare, « ils les tirèrent de leur propre fonds, et, dans la dernière édition de ses ouvrages, ils m'accablè- « rent de toutes ces ordures, dans le moment même où atteint d'une maladie mortelle, j'étais « presque expirant. »

qu'il a écrite luy mesme on ne voit qu'une conduite frivole, légère, indigne
d'un Evesque, il fait entendre qu'il étoit beau dans sa jeunesse, bien fait,
qu'il dansoit bien et qu'il faisoit des portraits pour les dames qui faisoient
aussy le sien suivant l'usage de ce temps là, il parle du *Moyen de parvenir* qu'il a vû entre les mains de la Reyne de Suède comme d'un Livre
simplement plaisant : il loüe Lafontaine par ses Contes. Enfin au langage
prez qui est très Latin c'est un fort mauvais Livre : aussy il est puni de sa
vanité et de sa légéreté par un radotage perpétuel qui ne le quitte point, il
parle mal des médecins, et veut faire croire que dans une grande maladie il
a guéri sans aucuns remèdes, et cependant je scay de son médecin qui est
le mien qu'il l'a saigné et purgé comme un autre homme. Vous serez certainement indigné de ses sarcasmes contre notre ami et je ne sache que
Mᴿ Le Clerc qui puisse prendre son parti comme il a fait dans la querelle
de Longin [1].

« Je n'ay rien à vous dire sur M. Brillon [2], je me sers de son dictionnaire [3] et puis c'est tout. Il y a beaucoup à ajouter à ces sortes d'ouvrages :
ils sont utiles et commodes pour les matières, et c'est comme une table
générale de tous les jurisconsultes. Je ne sçavois pas que votre Livre y
fut entré, je l'en estime d'avantage.

« On achève la 3ᵉ édition de Mᴿ Bayle en 4 volumes [4], nous allons voir
bien des choses nouvelles car il y a un volume presque entier d'additions
de sa main.

« Le Recueil des Œuvres de la Fontaine est toujours [5] au mesme état :
M. Houlier avoit un de ses amis qui s'y intéressoit, mais il y a longtemps
que je ne l'ay vû, j'en ay écrit à Prosper Marchand depuis peu, je n'ay
point de réponse, les Hollandois ne sont pas si curieux qu'on le pense :
quand Mᴿ l'ambassadeur de Hollande sera un peu de loisir, je luy
escriray, il a tout le goût et la sagacité qu'il faut pour faire réussir cet
ouvrage.

---

(1) Dans l'Appendice de l'édition de la traduction des Mémoires de Daniel Huet, évêque
d'Avranches, par Charles Nisard, Paris, 1853 (B. N. L ɪɪ 27, 9940) se trouve une lettre de M. Huet,
ancien évêque d'Avranches, à M. le Duc de Montausier, dans laquelle il examine le sentiment
de Longin sur le passage de la genèse : Et Dieu dit que la lumière soit faite et la lumière fut
faite et la réfutation d'une dissertation de M. Le Clerc contre Longin par Boileau.

(2) P. Jacq. Brillon, jurisconsulte, né à Paris le 15 Janvier 1671, mort le 29 Juillet 1736.

(3) Nouveau dictionnaire civil et canonique de droit et de pratique. Paris, 1717, in-4ᵉ. La
première éd. est de 1697.

(4) Dictionnaire historique et critique, IIIᵉ éd., revue, corrigée et augmentée par l'auteur (publ.
avec des remarques, par Prosper Marchand), Rotterdam, Michel Bohin, 1720, 4 vol. in-folio.

(5) Il s'agit probablement de l'édit. des Œuvres diverses de La Fontaine que Mathieu Marais
voulait publier et pour laquelle il avait écrit une Histoire de la vie et des ouvrages de J. La Fontaine qui a été imprimée pour la première fois en 1811 (Paris, Renouard, in-12 de VI et 132 p.)
et réimprimée par Paul Lacroix en tête de l'édition des Contes et Nouvelles de La Fontaine (Paris,
1858, Bibl. Gauloise) et à la suite des Œuvres inédites de La Fontaine (Paris, Hachette, 1863).

« Mʳ Le Duchat [1] infatigable en recherches vient de nous donner le journal d'Henry III et la Confession de Sancy en 4 volumes [2]. Cette Confession qui est une mauvaise Satyre ne méritoit pas un si ample commentaire, où on ne trouve le plus souvent que des choses obscures sur des gens obscurs. D'ailleurs Mʳ Le Duchat est embrouillé dans son stile, il n'a rien de vif, il est partial, jamais un catholique ne fait rien de bien, et le huguenot ne fait point de mal. Ce n'est pas là comme écrivoit Mʳ Bayle vivement, impartialement et chez qui le discours Bien ou Mal dit toujours quelque chose.

« L'accommodement de la constitution produit déjà beaucoup d'escrits. Je voudrois avoir vû le dernier et voir l'Eglise en paix.

« Je vous prie de ne pas manquer de me renvoyer mes notes quand vous en aurez tiré ce qui vous conviendra. Je suis toujours très parfaitement, Monsieur, votre très humble et obéissant serviteur.

MARAIS. »

---

(1) Jacob Le Duchat, philologue, conseiller au Parlement de Metz, né à Metz le 23 Février 1658, mort à Berlin le 25 Juillet 1735.

(2) « Journal des choses mémorables advenues durant le règne de Henri III, roi de France et de Pologne, ou Mémoires pour servir à l'Histoire de France (depuis le 30 Mai 1574 jusqu'au 30 Août 1589). Nouv. éd. aug. de plusieurs pièces, notes et remarques (par Jacq. Le Duchat et Den Godefroy). Cologne, P. Marteau, 1720 », 4 vol. in-8.

# SATIRE XI

*Un injuste Guerrier, terreur de l'Univers,*
*Qui sans sujet courant chez cent Peuples divers,*
*S'en va tout ravager jusqu'aux rives du Gange,*
*N'est qu'un plus grand Voleur que Duterte et Saint-Ange.*
*Du premier des Césars on vante les exploits;*
*Mais dans quel Tribunal, jugé suivant les Loix,*
*Eut-il pû disculper son injuste manie?*
v. 82. *Qu'on livre son Pareil en France à la Reynie.*

Un lieutenant de Police ne juge pas des voleurs, cela marque qu'il ne faut pas parler de ce qu'on ne sait pas. Si c'est un fou, on ne pend pas un fou — qu'auroit fait là un La Reynie?

v. 112. *L'Evangile au chrétien ne dit en aucun lieu,*
*Sois dévot. Elle dit : Sois doux, simple, équitable.*

Evangile féminin. Despréaux de l'Acad. fr. écrivant à un autre Académicien, n'a pas mis cela sans raison et sans usage, s'il falloit corriger le vers, il vaudroit mieux dire, *Il luy dit*, qui seroit relatif au chrétien.

*J'entens un faux Chrétien, mal instruit, mal guidé,*
v. 120. *Et qui de l'Evangile en vain persuadé,*
*N'en a jamais conçeu l'esprit ni la justice;*
*Un Chrétien qui s'en sert pour disculper le vice;*
*Qui toûjours près des Grands, qu'il prend soin d'abuser,*
*Sur leurs faibles honteux sçait les autoriser,*
*Et croit pouvoir au Ciel, par ses folles maximes,*
*Avec le Sacrement faire entrer tous les crimes.*

Il y a là quelque portrait caché des Casuistes, et on voit bien à qui il en veut, par le vers 146.

*La Vertu n'estoit point sujette à l'ostracisme,*
v. 146. *Ni ne s'appeloit point alors un jansénisme.*

Véritables Jansénistes on dira qu'il n'y en a point, il étoit inutile
de s'exprimer ainsy et de supposer ce qui est en question depuis si
long tems.

Après avoir bien leu toute cette Satire, on trouve qu'il n'y a pas un seul
mot qui ait raport au procez de Noblesse, il ne met pas même la noblesse
au nombre des attributs du faux honneur ainsy le commentaire pourroit
être placé ailleurs.

## SATIRE XII

v. 30. *Je ferois mieux, j'entends, d'imiter Benserade.*

*Benserade.* Il y en a un article dans le Dict. de Bayle. Il avoit l'art de
faire des vers de ballet pour la personne et pour le personnage. On a
imprimé ses ouvrages en 2 vol. en l'année 1697 à Paris, chez Sercy.
M. Pavillon luy a succédé à l'Académie. Il y a un discours sommaire
touchant sa vie qui est de l'abbé Tallemant à la tête de l'édition. Une
chose très singulière est le privilège accordé pour cette édition où il y a
un long Eloge de Benserade et son caractère très bien dépeint. C'est le
Roy que l'on fait parler et qui rend compte du plaisir qu'il luy a fait. Le
remerciement à l'Académie quand il y fut reçu est dans ce recueil. Le
*Ménagiana* le fait fils d'un procureur de Gisors. Il s'avisa, à la réception de
M. de Fontenelle à l'Académie de lire un portrait des 40 académiciens qui
étoit railleur [1] : on fit une chanson sur cette réception, et il y avoit un
couplet sur lui :

> Touchant les vers de Benserade
> On a fort souvent balancé
> Si c'est louange ou pasquinade.
> Mais le bon homme est fort baissé,
> Il est passé. . . bis
> Qu'on lui chante un sérénade
> De Requiescat in pace.

v. 41. *Le lecteur ne sait plus admirer dans Voiture.*

Bussy prend aussi le parti de Voiture et dans le privilège qu'on vient
de citer, Voiture y est fort loué. Voiez la préface de M. Pelisson sur

---

(1) Ce portrait des quarante académiciens a été publié dans « l'Intermédiaire des Chercheurs et Curieux », T. I, p. 108.

Sarrazin où est l'éloge de Voiture. Cette Satire est l'histoire et l'économie de toute la religion chrétienne que l'on peut apprendre là, si on l'ignoroit.

> *Car qu'est-ce loin de Dieu que l'humaine sagesse;*
v. 146.  *Et Socrate, l'honneur de la profane Grèce,*
> *Qu'étoit-il en effet, de près examiné,*
> *Qu'un mortel par lui-même au seul mal entraîné :*
> *Et malgré la vertu dont il faisoit parade*
> *Très équivoque ami du jeune Alcibiade?*

Il parle de Socrate comme d'un homme équivoque, et dans la précédente Satire (Sat. XI, vers 90) sous le nom d'un bourgeois d'Athènes, il en fait un long panégyrique :

> Tous ces fiers Conquérants, Rois, Princes, Capitaines,
> Sont moins grands à mes yeux que ce Bourgeois d'Athènes
> Qui sçeut pour tous exploits, doux, modéré, frugal,
> Toujours vers la Justice aller d'un pas égal.

v. 224.  *Tout protestant fut pape, une Bible à la main,*

Tout huguenot fut pape, etc., par ce vers et les précédens il semble que Despréaux convienne de l'infaillibilité du pape.

> *J'entens déjà d'ici les Docteurs frénétiques*
> *Hautement me compter au rang des hérétiques,*
> *M'appeler scélérat, traître, fourbe, imposteur,*
> *Froid plaisant, faux bouffon, vrai calomniateur,*
v. 325.  *De Pascal, de Wendrock, copiste misérable;*
> *Et pour tout dire enfin, Janséniste exécrable.*

Pascal, auteur des Provinciales. Wendrok qui a traduit en latin les Lettres provinciales avec des notes. C'est une fille nommée Mlle de Joncoux qui, sous le nom de Wendrok, a fait cette traduction, et c'est Mr Nicole qui a fait les notes.

v. 333.  *Prévenons tout ce bruit : trop tard, dans le naufrage,*
> *Confus, on se repent d'avoir bravé l'orage.*

Le naufrage et l'orage reviennent souvent quand Despréaux ne sait plus que dire (stérilité).

## EPITRE I. — AU ROY

v. 40.  *J'imite de Conrart le silence prudent*

J'imite de Conrart, etc. C'est à M. Conrart qu'on a obligation du
Lucien d'Ablancourt (Patru, p. 944 et 945 où il dit que Conrart ne
savoit ny grec ny latin, et que cependant d'Ablancourt le consultoit sur
ses traductions).

## EPITRE II

*Nos écrits sont mauvais, les siens valent-ils mieux?*
v. 8.  *J'entends déjà d'ici Linière furieux*

On ne peut pas dire que Linière avoit beaucoup de facilité à faire de
méchans vers. Ses vers étoient bons et même au goût de M<sup>r</sup> le Prince,
juge très difficile [1]. Ce n'étoit que des Chansons et des Epigrammes
courtes. La note insinue que Despréaux jugeoit mal des gens selon qu'ils
jugeoient mal de luy, et ce n'est pas là une vraye critique, il faudroit
adoucir cette note qui offense la mémoire de Despréaux.

Voyez tous les endroits du Ménagiana (1715) où il est parlé de
Linière.

v. 23.  *Croi-moi dût Auzanet t'assurer du succès*

Les œuvres d'Auzanet ont été imprimées; il a fait des mémoires pour
ne faire qu'une coutume générale en France sur les veues de M. le P. P.
de Lamoignon, et c'est de luy que viennent pour la plus grande partie les
Arrêtez faits dans les Conférences tenues à ce sujet.

v. 33.  *Mais pour toi, qui, nourri bien en deçà de l'Oise,*
*As sucé la vertu Picarde et Champenoise*

S'il a sucé la vertu picarde il ne peut pas avoir été nourri bien en
deçà de l'Oise, puisque l'Oise est une rivière de Picardie.

*Non, non, tu n'iras point, ardent bénéficier,*
v. 36.  *Faire enroüer pour toi Corbin ni Le Mazier*

Corbin et le Mazier. Oter de la note, qu'ils se chargeoient de mauvaises causes [2]. C'est une injure : ils pouvoient ne pas bien plaider, et

---

(1) Voir note 1, p. 124. Il s'agit ici de l'opinion du grand Condé.
(2) Brosstte a dit comme Le Verrier que Corbin et Le Mazier se chargeaient de mauvaises
causes.

crier, mais ils étoient d'honnêtes gens, et toute leur famille est vivante, qui peut, et a droit de se plaindre.

Ce n'est pas faire honneur à M. Despréaux ny à l'abbé Des Roches, que de dire que cette Epître n'a été faite que pour conserver la fable de l'Huître[1]. C'est être bien jaloux de ses ouvrages, et c'est une petitesse qui ne marque pas un grand homme; il peut l'avoir fait, mais il ne faut pas le dire.

## EPITRE III

v. 55. *Hélas! avant ce jour qui perdit ses Neveux*

Hélas avant ce jour : toujours la même image des premiers jours (stérilité).

## EPITRE IV

*Il faut, au moins du Rhin tenter l'heureux passage*
v. 31. *Un trop juste devoir veut que nous l'essaïons*
*Muses, pour le tracer, cherchez tous vos craïons.*

Il falloit dire Essayions, mais le vers n'y seroit pas, et cela fait un solécisme en françois, qui devoit plutôt être corrigé que le vers où sont les Crayons.

v. 154   *O que le Ciel soigneux de nôtre Poésie*
à 161.   *Grand Roi, ne nous fit-il plus voisins de l'Asie.*

. . . . . . . . . . . . . . . . . .

La Fontaine a imité cela dans son conte du Fleuve Scammandre et cela est bon à mettre dans les notes :

Ilion, ton nom seul a des charmes pour moy,
Lieu fécond en sujets propres à notre Employ,
Ne verray-je jamais rien de toy, ny la place
De ces murs élevez et détruits par les dieux
Ny ces champs. . . . .

v. 173.   *Je t'attends dans deux ans aux bords de l'Hellespont.*

Je crois que Desmarets critiqua l'Hellespont, parce que Despréaux s'étoit moqué, dans ses autres pièces, des poètes qui offroient le Nil au Roy, et qui l'attendoient en Asie. Cette critique étoit bonne; il me semble aussy qu'il en est parlé dans la Satire des Satires.

[1] Brossette l'a dit également.

## EPITRE V

v. 37.    *A régler mes désirs, à prévenir l'orage*
          *Et sauver, s'il se peut, ma raison du naufrage*

Orage et naufrage. Toujours la même figure.

v. 45.    *Que crois-tu qu'Alexandre, en ravageant la Terre,*
          *Cherche parmi l'horreur, le tumulte et la guerre?*

Il en veut toujours à Alexandre. En un endroit c'est Langely — dans
un autre, c'est du Terte et St-Ange — icy c'est un homme qui fuit l'ennui.
Cette idée n'est pas bonne pour un conquérant.

## EPITRE VII

          *Jamais Iphigénie, en Aulide immolée,*
          *N'a coûté tant de pleurs à la Grèce assemblée,*
          *Que dans l'heureux spectacle à nos yeux étalé,*
v. 6.     *En a fait sous son nom verser la Chanmeslé.*

La Chanmeslé : il faut ajouter que c'est à elle que La Fontaine a
adressé la nouvelle de Belphégor. Raporter les premiers vers qui font
son Eloge et où il y a :

          Qui ne connoit l'inimitable actrice
          Représentant ou Phèdre ou Bérénice

Cet éloge qui vient de si bonne main, ornera le Commentaire et fera plaisir aux lecteurs.

Racine l'aimoit, mais M. le comte de Tonnerre le débusqua. On fit
des vers sur toutes les Comédiennes et on disoit sur elle : le Tonnerre est
venu qui l'a déracinée. La Fontaine l'aimoit aussy : dans une lettre
missive que j'ai, il luy dit, en luy mandant les conquêtes du Roy, et lui
parlant des siennes : Tout sera bientôt au Roy et à M^{lle} de Chanmeslé.

v. 43.    *Cesse de t'étonner si l'envie animée,*
          *Attachant à ton nom sa roüille envenimée*
          *La calomnie en main, quelquefois te poursuit*

L'Envie animée, la calomnie en main : cela n'est pas juste. Car comment l'Envie personnifiée peut-elle tenir la Calomnie à sa main?

v. 46.    *En cela, comme en tout, le Ciel qui nous conduit,*
          *Racine, fait briller sa profonde sagesse*

Le Ciel qui nous conduit. Il y a une sorte d'impiété à dire que c'est le Ciel qui a donné des ennemis à Racine pour lui faire faire des Comédies encore meilleures : *En cela comme en tout*, ne vaut rien du tout.

v. 87.   *Et qu'importe à nos vers que Perrin les admire ?*
         *Que l'auteur de Jonas s'empresse pour les lire ?*

A propos de la note de Brossette sur ces deux vers, Marais écrit : Toute l'histoire du Conseiller doit être retranchée, elle fait tort à Despréaux et le représente plein de petitesse, et d'un Esprit bas, qui satirisoit par humeur et par vangeance. A quoi sert de rendre au public, ce qu'il a voulu lui ôter ?

          *Qu'ils charment de Senlis le poète idiot*
v. 90.   *Ou le sec traducteur du François d'Amyot*

Remarquer que ce vers, quoique non imprimé, a été cité en bien des endroits avant 1701, et entre autres par M. Baillet, dans le Jugement des Savans : on le croyoit imprimé, tout le monde le cherchoit, et à la fin Despréaux le donna après la mort de l'abbé Tallemant.

Furetière l'avoit mis dans ses Factums, en 1685. Ménagiana.

v. 105.   *Sans chercher dans les Vers ni cadence ni son*
          *Il s'en aille admirer le savoir de Pradon*

Il y a un 4ᵉ sonnet du même tems et sur les mêmes rimes [1], le voici :

A l'aspect d'un bâton Boileau tremblant et. . . blême
Cria, tout haut, Messieurs, ne précipitez. . . . rien
Quoi! sans confession assommer un. . . . . . chrétien
Hé, donnez lui le tems de rentrer en soy. . . . même

Par ces mots, l'insolent, qu'on hait plus qu'on ne. l'aime
Montra tant de bassesse en son lâche. . . . . maintien
Pour un homme sans cœur se découvrit si. . . bien
Qu'on eut presque pitié de sa misère. . . . . . extrême

---

(1) Marais fait allusion aux trois sonnets publiés par Brossette et dont voici les premiers vers :
« Dans un fauteuil doré, Phèdre tremblante et blême »
(de Mad. Des Houlières).
« Dans un Palais doré, Damon tremblant et blême »
(du chevalier de Nantouillet, du comte de Fiesque, du marquis d'Effiat, de M. de Guilleragues, de M. de Manicamp, contre le duc de Nevers).
« Racine et Despréaux l'air triste et le teint blême »
(du duc de Nevers)

Mais le ressouvenir d'Iris aux cheveux. . . . . . blonds
Dont il a maltraité les aimables. . . . . . . . Tetons
Toucha si vivement l'amant qui l'. . . . . . . idolâtre

Qu'emporté du désir de punir des. . . . . . . ingrats
D'un bâton qui servit d'enseigne à . . . . . . mort aux rats
Il fit de sa personne un sujet de. . . . . . . Théâtre

Ce sonnet [1] feroit croire que Boileau eut des coups de bâton, cependant on a toujours dit que non, et le Roy ne l'auroit pas nommé pour son historien la même année de la Phèdre, si cette avanture l'eût deshonoré.

### EPITRE VIII. AU ROY.

*La licence partout règne dans les Ecrits,*
*Déjà le mauvais sens reprenant ses esprits,*
*Songe à nous redonner des Poëmes épiques*
v. 58. *S'empare des Discours mêmes Académiques*

Mêmes Académiques. Ce mot l'empêcha long tems d'être de l'Académie.

*Et moi, sur ce sujet, loin d'exercer ma plume,*
v. 62. *J'amasse de ces Faits le pénible volume*

---

(1) Ce sonnet serait de M^lle de Scudéry d'après le Ms. :2.744 (fonds fr.) de la Bibl. Nat. Voici un autre sonnet et un quatrain sur le même sujet :

Dans un coin de Paris, Boileau tremblant et. . . . . . . . . . blesme
Fut hier bien frotté quoiqu'il n'en disc. . . . . . . . . . . . rien
Voilà ce que produit son style peu. . . . . . . . . . . . . . chrestien
Disant du mal d'un autre il s'en fait à luy. . . . . . . . . . mesme

Tout le monde le craint et personne ne. . . . . . . . . . . . l'ayme
Aussy d'un mysantrope a-t-il tout le. . . . . . . . . . . . . maintien
Son Racine est le seul dont il disc du. . . . . . . . . . . . bien
Il croit voir en tout autre une ignorance. . . . . . . . . . . extrême

Il n'est pas de ces foux qui coiffés de crins. . . . . . . . . blonds
Vont de mille Cloris assiéger les. . . . . . . . . . . . . . . tétons
Car il est de luy seul l'amant et l'. . . . . . . . . . . . . . idolâtre

Les vers qu'il fait sont beaux mais ces enfans. . . . . . . . . ingrats
Le feront régaler d'un plat de mort aux. . . . . . . . . . . . rats
Ou le rendront encor le jouet du. . . . . . . . . . . . . . . théâtre.

Quatrain. Sur Phèdre.

Boileau ce rimeur satirique,
Ayant senti la vertu du bâton
Demeura sans réplique,
Ce remède quand on l'applique
Range la rime à la raison.

Comment auroit-il dit cela, s'il n'avoit pas été historien du Roy : a-t-il été prophète ? il ne faut pas douter qu'il n'ait ajouté ces vers depuis ; et s'il a fait paroître cette pièce en 1676, je gage que ces vers n'y étoient pas, ou qu'il a été historien avant 1673. Sinon on en fait un sorcier. Il faut consulter les éditions. Despréaux n'a placé ainsi cette pièce dans ses ouvrages que pour conserver l'ordre du tems.

> *Horace tant de fois dans mes vers imité,*
> v. 88. *De vapeurs, en son temps, comme moi tourmenté.*

*De vapeurs,etc.* Ce mot n'a jamais été dit seul, au figuré, pour une humeur chagrine et satirique : on n'en trouvera d'exemples nulle part. Voiture parle de ses vapeurs : ce n'étoit point un satirique. Il faut donc dire que dez ce tems là on parloit des vapeurs des hommes, et rapporter l'endroit d'Horace. La preuve que ce n'est pas une figure, c'est le vers suivant :

> *Pour amortir le feu de sa rate indocille,*

La rate est le siège des vapeurs. Voilà le propre qui exclut le figuré.

Dans le vers 70 de la satire 2 : *noires vapeurs* est avec *fantaisie*, il n'y a pas vapeurs seul.

> v. 108. *Je m'arrête à l'instant, j'admire et je me tais*

*J'admire et je me tais* : Voilà toujours les mêmes fins. C'est grand dommage, car cette Epître est merveilleuse et n'est imitée de personne.

## EPITRE IX. A M. DE SEIGNELAY

> *C'est par là quelquefois que ma rime surprend,*
> *C'est là ce que n'ont point Jonas ni Childebrand,*
> *Ni tous ces vains amas de frivoles sornettes,*
> v. 64. *Montre, Miroir d'Amour, Amitiez, Amourettes,*

A propos de la note de Brossette eur *La Montre* de Bonnecorse, Marais écrit : Si on laisse dans les notes toutes les histoires des familles, et autres, où la Satire a été faite par vangeance, Despréaux n'aura pas suivi l'avis qu'il donne à Bonnecorse, qui est d'attendre pour écrire que la colère soit passée. Cet avis est fort bon, et doit rendre les notes plus circonspectes, tant pour l'honneur de l'Auteur, que pour ne le pas voir jugé par lui-même.

v. 67.     *Mais peut-être enivré des vapeurs de ma Muse*

Vapeurs est là au figuré, il y a une muse, et il n'y a point de rate.

v. 91.     *Ce Marquis étoit né doux, commode, agréable,*
           *On vantoit en tous lieux son ignorance aimable.*
           *Mais depuis quelques mois devenu grand Docteur,*
           *Il a pris un faux air, une sotte hauteur.*

.   .   .   '.   .   .   .   .   .   .   .   .   .   .   .   .   .

Brossette avait mis comme note du vers 91 : « Ce Marquis... M. L.
C. D. F. Il avoit autrefois une ignorance aimable et disoit agréablement
des incongruités, mais il perdit la moitié de son mérite, dès qu'il voulut
être savant, et se piquer d'avoir de l'esprit. » Voici la réponse de
Marais :

M. L. C. D. F., il semble que ce soit M. le Comte de Fiesque, mais
ce n'est point du tout là son caractère. Il n'avoit point de sotte hauteur,
c'étoit un des hommes de France le plus polis, je l'ai fort connu, il
avoit un goût simple et naturel, il étoit très bon, et on l'appelloit même
dans le monde *le bon*. Il aimoit fort La Fontaine qui a fait pour lui *le*
*Comte de Fiesque au Roy*, il aimoit Marot et Chapelle. Ce ne sont pas
là des Auteurs décriez, il sçavoit fort bien les beaux Endroits des Poètes
anciens, et ce qui y étoit de galant. *O Dea certè*, disoit-il quelque fois à
une Dame qu'il aimoit. S'il a travaillé en 1677 au sonnet contre Damon
(ou le Duc de Nevers), comment auroit-il été ami de Despréaux s'il
avoit fait son portrait satirique en 1675 ; je demande une explication de
ces lettres initiales M. L. C. D. F., qui peuvent induire en erreur.

v. 117.     *Jadis l'homme vivoit au travail occupé*

.   .   .   .   .   .   .   .   .   .   .   .   .   .   .

Voilà toujours de ses épisodes favorites et stériles.

v. 155.     *Mais sans l'aller chercher des vertus dans les nuës,*
            *Il faudroit prendre en toi des véritez connuës*

.   .   .   .   .   .   .   .   .   .   .   .   .   .

M. de Seignelay ne fut point du tout content de cet Eloge, qu'il
trouva trop court. Effectivement il l'étoit trop pour un Ministre de la
Marine, qui avoit de grandes veues, et qui même avoit l'esprit martial.
Mr Despréaux m'a dit que M. de Seignelay lui voulut du mal de cette
Epître, tout le monde en eust fait autant à la place de Mr de Seignelay.

*Ses vers jettez d'abord, sans tourner le feuillet,*
v. 174.    *Iroient dans l'antichambre amuser Pacolet.*

*Pacolet.* M. le Prince de Conty en fit presque autant des éloges de Perrault : il fit ôter les portraits et donna les éloges à un valet de pied.

## EPITRE X. A SES VERS

## PRÉFACE

*Ce seul ouvrage, qui vraisemblablement sera la dernière pièce de Poésie qu'on aura de moy :*

Il a fait encore depuis plusieurs Epigrammes, et la Satire de l'Equivoque. Les Poëtes font des vers après avoir juré de n'en plus faire. Ménage dans son Anti-Baillet a fait un recueil de ces faux sermens.

v. 36.    *A Pinchène, à Linière, à Perrin comparé*

Le vers qu'il a ôté est bien meilleur [1] : il n'est plus question de ces gens-là, et les trois autres qui avoient critiqué sa Satire des femmes dont il s'agit en cet endroit, méritoient bien d'avoir sur les doigts malgré les réconciliations qui ne rendent pas les gens de meilleurs Poëtes : Bellocq avoit fait la Satire des hommes qui ne valoit rien. Renard qui a fait le Joüeur avoit son mérite, mais il n'étoit qu'auteur médiocre. Pour le père Sanlecque, c'est un satirique dur, et qui faisoit des vers à la Chapelain. Il faut remarquer de lui un vers sur la probité de M. Bontems que le Roy estimoit :
Comme c'est ce qu'il a, c'est ce qu'il veut qu'on ait.
M. Despreaux rioit de tout son cœur de ce vers, et des mauvais sentimens de Sanlecque, qui demandoit à changer de cure, parce qu'il étoit tristement logé. il disoit à Mr Bontems, qu'il étoit même triste aux enterremens. C'est à dire que sans cela il auroit été gay aux enterremens de ses paroissiens.

v. 122.    *Arnauld, le grand Arnauld fit mon apologie*

Ce « grand » a attiré bien des douleurs à Despréaux qui ne vouloit pas donner au public la lettre de M. Arnaud de crainte qu'on ne le mit mal

---

[1] A Sanlecque, à Renard (Regnard), à Bellocq comparé.

dans l'esprit du Roy : ils diront au Roy que je suis Janséniste, et le Roy, qui les croit, me prendra pour un hérétique, disoit-il, mais à la fin il fit imprimer la lettre, et cela a amené dans les suites ces Epigrammes mutuelles, la satire de l'Equivoque, etc. Le trait de Satire est singulier d'avoir pû plaire en même tems et aux Jésuites et à M. Arnauld.

### EPITRE XI

*Que penserois-tu donc, si l'on t'alloit apprendre*
v. 3o. *Que ce grand Chroniqueur des gestes d'Alexandre*

Voilà le Roy confondu avec Alexandre, et dans tous ses ouvrages il fait passer Alexandre pour un fou et un brigand.

*Dans le calme odieux de sa sombre paresse,*
v. 90. *Tous les honteux Plaisirs, Enfans de la Mollesse,*
*Usurpant sur son Ame un absolu pouvoir,*
*De monstrueux désirs le viennent émouvoir,*
*Irritent de ses sens la fureur endormie,*
*Et le font le jouet de leur triste infamie.*

Ces six vers, quoique ménagez avec grand soin, n'ont pas laissé de présenter un sens obscène à M. de La Monnoye, et quoique les additions au Ménagiana soient pleines d'obscénité, il a fait le scrupuleux pour reprocher à M. Despréaux qu'il avoit offert en termes très honnêtes la plus déshonnête des idées. Voyez le Ménagiana de 1715, Tome 1, p. 334. Il faut avoir bien de l'ordure dans l'Esprit, pour s'appliquer à une telle recherche : M. de La Monnoye dit que le poète parle d'un *solitaire fainéant*, par où il sous-entend un Moine et cela n'est pas vray. Il parle dans la suite du Duvet d'un lit. Ce n'est pas là un moine. Il impute aussy à M. Arnauld une obscénité qui est fausse : La lettre justifie tout le contraire, personne ne s'est avisé, avant M. de La Monnoye, de cette ordure dans le chaste Despréaux, il mérite bien qu'on lui fasse reproche à son tour, qu'étant plein de ces sens il les trouve et les cherche par tout.

### EPITRE XII. SUR L'AMOUR DE DIEU.

La note première (de Brossette) n'est point du tout vraye il semble qu'on ait pris plaisir à ne point nommer celui que M. Bayle nomme. M. Bayle ne rapporte pas un fait et il ne dit pas que M. Arnauld, etc. C'est induire les lecteurs en erreur. Il rapporte un morceau d'une lettre

qui lui a été écrite, et ne rapporte ni ne dit rien de lui-même, il falloit
marquer dans la 2ᵉ édition que c'est une lettre écrite par M. Marais, ami
de M. Despréaux, et qui ne l'auroit pas écrite si M. D. ne le lui avoit dit.
M. Marais étant nommé par M. Bayle et la lettre imprimée en italique,
on ne peut jamais avoir tourné cet endroit comme il est, et j'ay bien
sujet de me plaindre qu'on ne m'ait pas nommé comme M. B. (Bayle) a
fait, dez que l'on citoit cet endroit : je ne parle pas icy pour moi, mais
pour la vérité.

v. 6.    *N'est pas toujours l'effet d'une noire vapeur*

Noire vapeur, voilà vapeur au figuré et avec une épithète.

v. 90.    *Et croit posséder Dieu dans les bras du Démon.*

M. de La Monnoye, avec ses lunettes d'obscénité, verroit là une
impiété et une ordure grossière.

v. 174.    *Avoir extrait Gamache, Isambert et Duval?*

Ces trois docteurs ne sont pas nommez là pour rien, c'étoit des docteurs Molinistes ; voyez leurs Eloges dans le livre intitulé Collège royal
de France, etc., in-4°, 1644. Ils ont été tous trois Docteurs et professeurs
du Roy en théologie scholastique et positive en Sorbonne, instituez par
Henry IV. Duval et Gamache ont été les premiers de cette institution.
   André Duval mort le 9 7ᵇʳᵉ 1638. Gamache le 21 Juillet 1625.
Isambert le 14 may 1642.

v. 227.    *Oh! que pour vous mon cœur moins dur et moins farouche*

Voilà un vers de la façon de Chapelain. La note est claire et le vers
en avoit besoin.

# TABLE ALPHABÉTIQUE

## PRINCIPAUX NOMS CITÉS

———————

Les noms commençant par D', Da, Du sont classés aux dites lettres.
Les chiffres marqués d'un astérisque indiquent les noms répétés plusieurs fois dans la même page.

# TABLE ALPHABÉTIQUE DES PRINCIPAUX NOMS CITÉS

## G

## H

## J

## K

## L

# TABLE GÉNÉRALE DES MATIÈRES

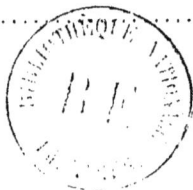

CE LIVRE

A ÉTÉ TIRÉ A 250 EXEMPLAIRES

AUX FRAIS DE

FRÉDÉRIC LACHÈVRE

POUR LES AMIS DU XVIIᵉ SIÈCLE

———

Nᵒ 27

IMPRIMERIE DE VAUGIRARD,

152, RUE DE VAUGIRARD, PARIS.

H.-L. MOTTI, DIR.

www.ingramcontent.com/pod-product-compliance
Lightning Source LLC
Chambersburg PA
CBHW071959090426
42740CB00011B/2003